Renate Göckel · Endlich frei vom Eßzwang

Renate Göckel

Endlich frei vom Eßzwang

Zwölf Beispiele,
wie man die Eßsucht
überwinden kann

Kreuz

Die Gedanken, Methoden und Anregungen in diesem Buch stellen die Meinung bzw. Erfahrung der Verfasserin dar. Sie wurden von der Autorin nach bestem Wissen erstellt und mit größtmöglicher Sorgfalt überprüft. Sie bieten keinesfalls Ersatz für kompetenten medizinischen Rat. Jede Leserin, jeder Leser sollte für das eigene Tun und Lassen auch weiterhin selbst verantwortlich sein.
Daher erfolgen Angaben in diesem Buch ohne jegliche Gewährleistung oder Garantie des Verlags oder der Autorin. Eine Haftung des Verlags oder der Autorin für etwaige Personen-, Sach- oder Vermögensschäden ist ausgeschlossen, es sei denn im Falle grober Fahrlässigkeit.

Die Deutsche Bibliothek – CIP-Einheitsaufnahme

Göckel, Renate:
Endlich frei vom Eßzwang: zwölf Beispiele, wie man die Eßsucht überwinden kann / Renate Göckel. – Zürich: Kreuz, 1996
ISBN 3-268-00193-9

1 2 3 4   99 98 97 96

Kreuz Verlag AG, Zürich 1996
P.O.B. 245 CH 8034 Zürich
© 1992 by Dieter Breitsohl AG
Literarische Agentur Zürich
1. Auflage – Stuttgart: Kreuz Verlag, 1992
Umschlaggestaltung: Atelier Reichert, Stuttgart
Satz: DIGITAL, Satz und Druck GmbH, Schrobenhausen
Druck und Bindung: Clausen & Bosse, Leck
ISBN 3 268 00193 9

Inhalt

Vorwort 9

Erster Teil
Zwölf Interviews mit ehemals Betroffenen 13

1. »Bei uns hängt der Teppich unter der Decke« ... 14
2. »Endlich habe ich wieder Zukunft« 21
3. »Ein Kind und kein Job« 29
4. »In aller Ruhe« 39
5. »Brauche ich meine Sucht?« 44
6. »... du hältst es nicht mehr aus« 50
7. »Fülle an der falschen Stelle« 58
8. »Ich bin schon zu Hause« 68
9. »Esoterik und Vollwertkost« 75
10. »Mit 25 ist Schluß« 81
11. »Hauptsache, die anderen sind zufrieden« 85
12. »Kopf und Bauch zusammenbringen« 94

Zweiter Teil
Wie man vom Eßzwang loskommt 101

1. Der »Schuß vor den Bug« 108
2. Zehn Lernschritte gegen das Vielessen 111
   1. Probleme lösen sich nicht schlagartig 111
   2. Man muß nicht alle Erwartungen erfüllen ... 117
   3. Wie man sich Zeit nimmt 122
   4. Nicht mehr perfekt sein wollen 127
   5. Sich ohne Eßanfall besser spüren 135
   6. Aus Fehlern lernen 144
   7. Den Körper sättigen 151
   8. Die Seele sättigen 158
   9. Weniger Halt suchen 167
   10. Handeln, vertrauen und sich freuen 179

Zusammenfassung 197
Literatur, die Ihnen weiterhilft 199

DIE NEUE GESUNDHEIT widmet sich ganz gezielt dem Thema Gesundheit. Sie will zeigen, wie man selbst sein persönliches Wohlbefinden fördern und erhalten kann. Der Grundgedanke ist dabei die Erkenntnis, daß die meisten der sogenannten »Zivilisationskrankheiten« durch unser eigenes Verhalten hervorgerufen werden und daß wir sie deshalb auch selbst vermeiden oder heilen können.

Die Bücher der Reihe machen medizinische Behandlung im Krankheitsfall nicht überflüssig. Aber sie helfen, ein selbstverantwortliches Verhältnis zum eigenen Körper, zum Arzt und zu Krankheit und Gesundheit überhaupt zu entwickeln.

Mit spannenden Selbstzeugnissen und Berichten von Menschen, die erfolgreich ihre Probleme bewältigt haben, machen die Bücher Mut, die eigene Gesundheit selbst in die Hand zu nehmen.

*Schon längst weißt Du,
daß Du manches nicht mehr tun willst,
weil es gegen Dein Inneres angeht.
Du machst einen faulen Kompromiß;
Du verkaufst Dich
vielleicht für ein bißchen Ruhe,
für ein bißchen Sicherheit,
für ein bißchen Wärme;
aber dabei verlierst Du Dich selbst:*

*Wenn Du Dich selbst verlierst,
verlierst Du das Kostbarste, was Du besitzt.
Dann wirst Du ein Mensch ohne Kern:
Du mußt Dich bewußt kennenlernen,
um Dich lieben zu lernen.
Wir können nur lieben, was wir kennen,
und wir lernen nur kennen,
was wir bereit sind zu lieben.*

*Die Gleichgültigkeit,
auch uns selbst gegenüber,
macht uns blind.
Lerne Dich kennen,
lerne Dich lieben.*

ULRICH SCHAFFER

Vorwort

Als mein erstes Buch »Eßsucht – oder die Scheu vor dem Leben« erschien, bekam ich etliche hoffnungsvolle Briefe von Frauen, denen die beschriebene Therapie mit Anna K. überhaupt eine Möglichkeit aufzeigte, wie man von Eßproblemen wieder loskommen kann. Noch mehr Briefe bekam ich allerdings von verzweifelten Frauen, die sich nicht vorstellen konnten, jemals von ihren Eßanfällen loszukommen. Von Frauen, die sich nicht vorstellen konnten, jemals mit Nahrungsmitteln unbeschwert und unbefangen umgehen zu können. Von Frauen, die sich nicht vorstellen konnten, jemals von ihren Zwangsgedanken rund ums Essen Abstand zu gewinnen. Und von Frauen, die es nicht für möglich hielten, daß man »normal« essen kann und doch nicht bis ins Uferlose zunimmt. Um all diesen Frauen Mut zu machen, beschloß ich, Frauen zu interviewen, die es geschafft haben, von ihren Eßstörungen loszukommen, und ihre Geschichten aufzuzeichnen. Dabei unterschied ich nicht zwischen magersüchtigen, fettsüchtigen und bulimischen Frauen. Für mich sind alle »eßsüchtig«, die in regelmäßigen Abständen Eßanfälle haben, die ständig ans Essen denken, die nach den Eßanfällen erbrechen oder eine Diät anfangen (die sie sowieso nicht einhalten), die sich unabhängig von ihrer Figur immer zu dick fühlen, und vor allem jene Frauen, die ihr Leben immer wieder auf die Zeiten verschieben, wenn sie ihr Traumgewicht erreicht haben. Alle jene Frauen haben gute Gründe, ihr Traumgewicht nicht zu erreichen. Denn wenn sie es je erreichen würden, dann müßten sie auch in der Lage sein, mit sich und ihrem Leben anders umzugehen.

Welche Erlebnisse, Faktoren, Situationen helfen aber nun dabei, sich von quälenden Eßanfällen und Eßzwängen frei zu machen? Wie kann der Eßzwang überflüssig gemacht werden?

Sicher ist, daß alle eßsüchtigen Frauen bereit sind, zu leiden, Frustration auszuhalten und ihre Seele zu verkaufen – aber wofür eigentlich?

Die Geschichten der Frauen in diesem Buch sollen Anregungen geben, sein eigenes Leben daraufhin zu überprüfen, in welchen Bereichen zuviel Frustration hingenommen wird, die dann nicht konstruktiv verarbeitet, sondern statt dessen mit dem Eßverhalten kompensiert wird.

In diesem Buch möchte ich nicht auf die Ursachen von Eßstörungen eingehen – das habe ich in »Eßsucht – oder die Scheu vor dem Leben« bereits ausführlich getan. Dieses neue Buch beschäftigt sich ausschließlich mit dem Heilungsprozeß. Es versucht Antworten zu finden auf die Fragen, wie man von der Eßsucht loskommt und was man machen kann, um seine Eßanfälle überflüssig werden zu lassen.

Diese Frage, wie sich Frauen ganz konkret von ihren Eßstörungen befreit haben, beschäftigte mich schon seit langem. Aus eigener Erfahrung weiß ich, daß dies ein langer, oft schmerzlicher Weg ist. Ich wollte wissen, ob alle Ehemaligen ähnliche Erfahrungen machen mußten, oder ob jede ihren eigenen unvergleichbaren Weg gegangen ist.

Sind diejenigen, die vom Eßzwang loskamen, nun glücklich und zufrieden mit ihrem Leben? Hat es ausgereicht, »nur« das Eßverhalten zu verändern? Oder war es notwendig, einigermaßen problemfrei zu werden, um nicht wieder in alte Eßfallen zu treten? Oder mußte noch mehr geschehen im Leben dieser ehemaligen Betroffenen? Ich gab in einer regionalen Stadtzeitung, die kostenlos an über 300.000 Haushalte verteilt wird, eine Annonce auf: »Ehemalige Eßsüchtige gesucht. Sachbuchautorin würde Sie gerne anonym interviewen.« Um es kurz zu machen: die Resonanz war Null. Dann annoncierte ich in einer populärwissenschaftlichen Zeitschrift: »Ehemalige Eßsüchtige von Sachbuchautorin gesucht. Erzählen Sie mir, wie Sie es geschafft haben, nicht mehr zu fressen? Letzter Eßanfall sollte mindestens zwei Jahre her sein.«

Zwei Jahre ist eine genügend lange Zeit, um sagen zu können, daß jemand so stabil ist, daß er ohne das Kompensationsmittel Essen im Alltag zurechtkommt. Abhängige, bei denen sich die Symptome in Richtung Alkoholismus, Kaufsucht, Tablettenabhängigkeit verschoben haben, habe ich nicht als »ehemalige Eßsüchtige« eingestuft, da diese noch tief in der Sucht stecken.

Nach und nach meldeten sich vorsichtig neun Frauen. Sie fragten, wie ich mir so ein Interview denn gedacht habe. Ich bot ihnen an, sie zu einer Zeit, zu der sie ungestört reden konnten, anzurufen. Da sie fast alle sehr weit von Karlsruhe entfernt wohnten, war das Telefoninterview die einfachste Methode. Die ersten Interviews dauerten noch vier Stunden, später strafften sie sich auf eineinhalb bis zwei Stunden.

Die Frauen erzählten kurz ihre Geschichte, wie sie eßsüchtig geworden waren, ihre schlimmsten Jahre, die Wende und deren Ursachen und wie sie sich langsam aus der Sucht herausgearbeitet haben. Da es sich nie um geradlinige Prozesse handelte, mußten viele Nebenlinien erörtert werden, die ich aber im Verlaufe des Schreibens oft gekürzt habe. Das Wesentliche blieb aber immer erhalten. Für mich war es immer wieder faszinierend zu sehen, daß es bei Eßstörungen die Begriffe »gesund« und »krank« eigentlich nicht gibt. Aus medizinischer Sicht sind die Eßanfälle zwar »krank«, aber als psychischer Überlebensmechanismus können sie ab und zu etwas höchst Gesundes sein. Eßanfälle sind immer Notsignale, die zeigen, daß ein Mensch nicht im »Einklang« ist mit sich selbst. Er ist nicht im Ein-Klang, sondern im Zwie-Spalt darüber, welchem Signal er folgen soll: dem aus dem Kopf oder dem aus dem Bauch.

Gerne würde ich allen Frauen, die so offen und mutig waren und ihren Weg aus der Eßsucht geschildert haben, namentlich danken, aber ich muß ihre Anonymität wahren. Mein Dank gilt auch allen anderen eßsüchtigen Frauen, die täglich in meine Praxis kommen und von denen ich so viel lernen darf.

Wenn man ein Buch schreibt, dann kommen viele andere Dinge zu kurz. Deshalb danke ich »meinen beiden Männern« Peter und Matthias, die öfters auf mich verzichten mußten, für ihre Bereitschaft, mich am Schreibtisch zurückzulassen.

Auch Dr. Dieter Kallinke möchte ich danken für seine Aufmunterungen und seinen Einsatz für dieses Buch.

Ich hoffe und wünsche, daß dieses Buch allen Betroffenen Mut macht, etwas zu verändern.

Wenn Sie Fragen, Kritik oder Anregungen haben, dann können Sie mir gerne schreiben. Ich werde – soweit mir dies möglich ist – Ihren Brief persönlich beantworten.

Bitte vergessen Sie nicht, das Rückporto beizulegen.

Renate Göckel
Am Rennbuckel 17
7500 Karlsruhe 21

Erster Teil

Zwölf Interviews mit ehemals Betroffenen

1. »Bei uns hängt der Teppich unter der Decke«

Anita, 33, war die einzige Interviewpartnerin, die sich die Mühe machte, mich zu besuchen. »Weil man so besser reden kann«, womit sie recht hatte. Anita kam eines Nachmittags mit dem Motorrad (!) angefahren und beantwortete sehr offen meine Fragen. Lassen wir sie erzählen:

»Bei mir fing es mit 14 Jahren an. Ich wog 55 kg und fühlte mich zu dick. Ich begann, weniger zu essen und Sport zu machen. Irgendwie brachte mich meine Mutter auf die Idee zu erbrechen. Sie sagte – natürlich nicht ernst gemeint –, als ich darüber klagte, wie vollgefressen ich sei, ich könne mir ja den Finger in den Hals stecken. Sie hat natürlich nicht geahnt, daß ich das tatsächlich ausprobierte. Es funktionierte. Wenn ich allein war, steckte ich mir an manchen Tagen bis zu dreimal den Finger in den Hals. Ich hatte eine Heidenangst, es würde mir mal jemand auf die Schliche kommen. Eigentlich führte ich ein regelrechtes Doppelleben: Meine Mutter wollte, daß ich esse, und ich habe gegessen. Aber dann habe ich es heimlich erbrochen.« Anita war sozusagen offiziell brav und hat geschluckt, was die Mutter von ihr verlangte, aber heimlich hat sie sich verweigert und alles wieder hinausgeworfen.

»Das ging so weit, daß ich den Wecker auf 2 Uhr nachts stellte, um in Ruhe erbrechen zu können. Oder, wenn zuhause volles Haus war, gab ich vor, eine Freundin zu besuchen, und nahm Taschentücher und etwas Wasser oder Eau de Cologne mit. Dann suchte ich in der Natur ein ruhiges Plätzchen, wo ich ungestört kotzen konnte. Hinterher machte ich mich dann sauber und ging wieder nach Hause. Wenn ich jetzt nach Jahren wieder zu meinen Eltern in Norddeutschland fahre, dann fahre ich manchmal durch die Landschaft, die so oft Zeuge meiner Kotzorgien geworden ist. Dann wird mir immer noch unbehaglich. Die Heimlichkeiten machten mich fertig. Als ich dann einen Freund hatte, glaubte ich, auch vor ihm mein Tun verstecken zu müssen. Es war furchtbar. Wenn ich vollgefressen war und nicht gleich erbrechen konnte, war ich sehr gereizt, und das für ihn natürlich ohne erkennbaren Grund. Ich ekelte ihn geradezu fort, nur um endlich die ganzen Nahrungsmittel in meinem Magen loszuwerden.« Der Druck wird immer stärker. Anita hält ihn nicht mehr aus und bemüht sich am Heimatort um eine Therapie. Ein spielsüchtiger Freund hatte ihr gesagt: »Alleine kommst du da nicht heraus.« Und das macht ihr angst.

Anita hat eine um zwei Jahre ältere Schwester. Die Mutter ist eine verbitterte Hausfrau. »Ihr fehlte etwas«, meinte Anita, »irgendwie hatte ich in ihr auch kein Vorbild. Sie hatte kein eigenes Leben. Die Familie stand im Vordergrund und die ständige Sorge ums Essen.

Über wirkliche Probleme wurde nie geredet – ganze Themenbereiche wurden einfach tabuisiert. Mein Therapeut meinte damals, bei uns werde so viel unter den Teppich gekehrt, daß der Teppich bereits unter der Decke hänge.«

Mit 20 Jahren zieht Anita von Nord- nach Süddeutschland in eine eigene Wohnung. Nun kann sie ungestört auch sofort nach dem Essen erbrechen. Sie nimmt 11 kg ab und wiegt nur noch 44 kg. So gefiel sie sich aber wiederum auch nicht. Jetzt fand sie sich zu dünn, und »wollte« mehr essen. Sie konnte es nicht. Dieses »Wollen« war wahrscheinlich ein ambivalentes Wollen, wie man es nicht selten bei Frauen findet, die schon lange magersüchtig sind. Einerseits sagt ihnen die Vernunft, daß sie zunehmen und mehr essen müssen, andererseits bekommen sie Panik beim Zunehmen und zählen doch weiterhin Kalorien oder erbrechen.

Für Anita war ihr heimliches Essen und Erbrechen jahrelang ein Eigenleben, das nur ihr gehörte und zu dem kein Mensch außer ihr selbst Zutritt hatte. Ein Eigenleben, das sie in keinem anderen Lebensbereich hatte. Ich höre von fast jeder Frau mit Eßstörungen die Klage, daß es in ihrer Familie keinen Intimbereich für die Familienmitglieder gab. Jeder mischte sich in alles ein, und individuelle Entscheidungen, die vom »offiziellen Konsensus« abwichen, wurden nicht toleriert, sondern verspottet und abgewertet. Wie soll ein Kind in einem solchen Klima angstfrei eine eigene Meinung entwickeln? Oder gar mit Erfahrungen experimentieren? »Ich habe es dir ja gleich gesagt, daß das nicht gutgehen kann«, müßte es sich anhören, wenn es einmal scheitert. Heimliches Essen mit Erbrechen ist mit einer Rebellion im Untergrund gleichzusetzen. Mit einem Unterschied: Der politische Rebell steht zu seinem Tun und findet es richtig, wie er handelt. Die Frau mit Eßanfällen aber verurteilt sich und steht in keiner Weise zu ihrem Tun. Es rebelliert ja nur ein Teil von ihr, der andere hingegen ist um Anpassung bemüht.

»In Süddeutschland bekam ich dann für drei Monate einen Platz in einer psychosomatischen Klinik«, berichtet Anita weiter. »Auch während der Therapie habe ich weiterhin gefressen und gekotzt, und ich schaffte es nicht, dies vor dem Therapeuten einzugestehen.

Im Anschluß an die Zeit in der Klinik nahm ich dann noch ein weiteres Jahr an einer ambulanten, psychoanalytisch ausgerichteten Gruppentherapie teil. Mein Eßproblem hatte ich damals immer noch, aber es tat mir gut, zu sehen, daß andere auch Probleme hatten. In der Gruppe war ich so ziemlich die einzige mit Eßstörungen. Als sich nichts änderte, beschloß ich, mal sieben Tage nicht zu fressen. Normales Essen war erlaubt, aber eben kein Eßanfall. Ich schaffte es, obwohl ich in dieser Zeit unter Kopfschmerzen, Schwindel und Müdigkeit litt. Als ich sah, daß ich sieben Tage durchhalten kann, hatte ich irgendwie das Gefühl, als ob die Macht der Eßanfälle etwas gebrochen sei. Nun hatte ich das Ganze mehr unter Kontrolle und fühlte mich nicht mehr so sehr ausgeliefert.« Wenn man, sei es auch nur für kurze Zeit, nicht mehr zwanghaft ißt und erbricht, dann hat man plötzlich viel Zeit. Die ganze Misere des eigenen Lebens, die innere Leere und Unzufriedenheit wird einem bewußt. Es wird einem auch klar, wieviel Energie der Freß-Kotz-Kreislauf verbraucht. Ist diese Energie einmal freigesetzt, macht sie meist zunächst angst. Was fängt man damit an?

Anita: »In der Therapie hatten wir auch mal unser Frauenbild beleuchtet. Ich habe mir überlegt, was für ein Frauenbild ich positiv fände. Und ich kam zu dem Schluß, daß eine Frau, die etwas Eigenes macht, die ein eigenes Leben hat, für mich etwas Positives ist. Ich begann langsam und Schritt für Schritt etwas Eigenes zu machen: einmal die wöchentlichen Therapiesitzungen, in denen ich immer offener zu sein lernte. Auch außerhalb der Therapie spürte ich immer weniger Angst, etwas – auch etwas Problematisches – von mir zu zeigen. Auch mit Leuten, die ich gar nicht gut kannte, konnte ich irgendwann über Persönliches reden. Ich stand einfach mehr zu mir.«

Wenn jemand sich selbst in allen Bereichen seines Lebens besser akzeptieren kann, dann muß er sich logischerweise auch nicht mehr so viel verstecken.

»Ich benutzte die neu dazugewonnene Energie dazu, mich im Studentenparlament zu engagieren. In der Zwischenzeit hatte ich begonnen, Sozialpädagogik zu studieren. Das Studium machte riesigen Spaß, und ich engagierte mich immer mehr, sowohl inhaltlich als auch politisch. Das Essen geriet in dem Maße, wie das andere Engagement in den Vordergrund trat, immer mehr in den Hintergrund.«

Anita beobachtete sich zunehmend genauer. Es wurde ihr klar, daß sie in fast jeder Gefühlslage gefressen hatte – wenn es ihr gutging, und wenn es ihr schlechtging. Bei Depression ebenso wie bei Aufregung. Bei Vorfreude wie bei Anspannung. Bei Streß wie bei Erwartung.

»Allerdings hatte ich oft das Gefühl«, führte Anita weiter aus, »daß bei mir eine sogenannte ›Symptomverschiebung‹ stattgefunden hatte. Die vielen Aktivitäten verhinderten, daß ich Leerlauf hatte. Und den Leerlauf hatte ich ja immer mit Essen behoben. Ich hatte immer noch panische Angst vor dem Alleinsein. Für kurze Zeit zog dann mein Freund bei mir ein. Aber wir vertrugen uns nicht, dann zog er wieder aus. Ich merkte, daß ich zwar das Alleinsein nicht ertragen konnte, das dichte Aufeinanderwohnen aber erst recht nicht.«

Weder Nähe noch Distanz aushalten zu können macht

vielen Frauen mit Eßstörungen zu schaffen. Einige stürzen sich in Beziehungen, in denen der Mann die Distanz auslebt und sie scheinbar nicht genügend Nähe bekommen können. Will aber der Mann – aus welchen Gründen auch immer – plötzlich mehr Nähe als sie, dann geraten sie in Panik und gehen ihrerseits auf Distanz. »Katz- und Maus-Spiele« nennt man dies, wobei die Hauptsache ist, daß zwischen Katze und Maus immer ein Abstand gewahrt bleibt und daß beide nie zur Ruhe kommen. Ich glaube, daß, wenn der Partner auf Distanz geht, die Angst überhand nimmt, ihn zu verlieren oder nicht genügend Geborgenheit und Sicherheit zu bekommen. Will der Partner aber mehr Nähe, dann wächst die Angst vor Erwartungen von seiten des Partners. Das Resultat ist im ersten Fall der Wunsch, sich anzuklammern, im zweiten der Wunsch, zu fliehen.

Ein dichtes Zusammenleben setzt voraus, daß man sich selbst so weit akzeptieren kann, um zu sich und seinen Eigenheiten und Bedürfnissen stehen und mit dem Partner Kompromisse eingehen zu können. Außerdem setzt es die Fähigkeit, sich abzugrenzen, voraus. Wer nicht nein sagen kann, ist schnell unterdrückt.

Lassen wir Anita weitererzählen: »Ich suchte mir dann eine andere Wohnung, fand eine und zog um. Und siehe da, in dieser Wohnung kotzte ich nur ein einziges Mal. Irgendwie ›paßte‹ das Kotzen nicht in diese Wohnung. Damals war ein massiver Erkenntnisprozeß im Gange, in dessen Verlauf ich mich stark mit meinen Eltern auseinandersetzte. Aber ich stritt auch um vieles, was ich vorher einfach hingenommen hatte. Und dann geschah etwas für mich sehr Einschneidendes: Meine Freundin brachte sich um. Ich, die ich immer von Selbstmord geredet hatte, ich lebte noch, und Ida war tot. Irgendwie konnte ich das nicht fassen. Teils hatte ich das Gefühl, mich jetzt auch umbringen zu müssen, teils wäre ich am liebsten abgehauen. Ich stellte mich einmal ans Fenster und überlegte, ob ich wie Ida in den Tod springen sollte. Ich tat es nicht. Aber in diesem Augenblick ging etwas Unglaubliches in mir vor: Ich entschied mich für das Leben. Dies war keine Entscheidung im Kopf, sondern viel tiefer. Ich blieb da und hielt die Gefühle aus. Sie beutelten mich hin und her – wochenlang. Aber in diesem Sommer 1988 hatte ich meinen letzten Eßanfall.«

In dem Moment, als Anita sich das Leben nehmen wollte, hat sie es erst richtig angepackt. In diesem Augenblick, in dem Entscheidendes passierte, stand sie mit dem Rücken zur Wand. Viele Therapeuten aus dem Suchtbereich, so vor allem beim Alkoholismus, vertreten die Meinung, daß ein Süchtiger erst einmal ganz unten sein müsse, bevor es wieder aufwärtsgehen könne. Bei Anita war es so. Hätte die Freundin sich Jahre vorher umgebracht, wäre sehr wahrscheinlich ein anderer Effekt eingetreten. Anita hätte die Flucht ergriffen, entweder an einen anderen Ort, oder zum Essen oder in die Verdrängung. Durch jahrelange Arbeit an sich selbst war sie aber so sensibel geworden, daß der Tod ihrer Freundin sie sehr betroffen machte und sie nicht mehr ausweichen konnte. Es gab nur noch Leben oder Sterben für sie. Dabei ist jedoch Anitas Entscheidung für ihr Leben etwas völlig anderes als der Beschluß nach dem Eßanfall, daß »ab morgen alles ganz anders werden« soll.

Ich fragte Anita, wie es dann weitergegangen sei.

»Ich weiß natürlich nicht mehr alle Einzelheiten, aber es hat sich vor allem die Art verändert, wie ich die Dinge in meinem Leben anging. Ich wurde in mancher Hinsicht skrupelloser. Plötzlich wurde mir klar, daß dieses Leben *mein* Leben war, und ich begann Ideen durchzusetzen, auch wenn die anderen mich nicht unterstützten. Ihre Meinung war mir gar nicht mehr so wichtig. Auch meine Art zu helfen wurde anders. Als ich ein Praktikum an einer Stelle machte, in der man mich schon jahrelang kannte, bekam ich einen interessanten Hinweis. Man sagte mir, daß meine Hilfe früher egozentrischer gewesen sei. Ich hätte den Eindruck gemacht, daß ich durch meine Hilfe für andere selbst Halt und Sicherheit bekam. Ich sei oft unberechenbar, unzuverlässig und unbeständig gewesen. Jetzt habe man eher den Eindruck, meine Hilfe sei wirklich für den anderen gedacht.«

Um vom »Helfersyndrom« (man hilft, um sich von den eigenen unerfüllten Bedürfnissen abzulenken) wegzukommen, ist es notwendig, die eigene Bedürftigkeit anzuerkennen und zu lernen, eigene Bedürfnisse zu befriedigen. Genau das tut Anita, wenn sie ihr eigenes Leben lebt, ohne faule Kompromisse zu machen. »Das Essen ist nicht mehr so wichtig, und die Figur auch nicht. Ich finde mich normalgewichtig und kann so zu mir stehen. Früher hätte ich mich so zu dick gefunden.«

Als Anita zu Besuch ist, erzählt sie, daß gerade heute ein alter Freund (jener, der damals aus der gemeinsamen Wohnung wieder auszog) einen Brief geschrieben habe. Sie hatten sich nach langer Zeit wieder getroffen, und sie erlaubte mir, eine Passage daraus zu übernehmen:

»... Du machst auf jeden Fall ganz pauschal einen viel ausgeglicheneren Eindruck auf mich. Du warst auch früher voller Kraft, aber diese Kraft hatte keine Richtung, kein Ziel, sie versprühte in die verschiedensten Richtungen und hob sich zum Teil selber auf. Jetzt kommt zu Deiner Kraft noch eine Ruhe, eine Persönlichkeit. Ich habe den Eindruck, Du stehst jetzt einfach zu dem, was Du bist und was Du willst. Deine frühere Persönlichkeit war eben auch unstet und den Kräften unterworfen, die Dich hin- und hergerissen haben. Du bist mehr zu einem Ganzen geworden.«

Man merkt deutlich, daß sich Anitas Veränderung nicht nur auf das Eßverhalten bezieht. Ihr ganzes Leben ist betroffen – selbst, wenn sie die gleichen Dinge tut wie früher, so tut sie es doch nicht auf dieselbe Art und Weise.

Muß das in jedem Fall so sein, daß sich alles ändert, oder gibt es auch Frauen, die »nur« ihr Eßverhalten geändert haben und bei denen ansonsten alles andere gleichgeblieben ist?

2. »Endlich habe ich wieder Zukunft«

Montagmorgen. Ein Brief liegt im Briefkasten. Wieder hat sich eine Frau gemeldet: Kathrin B., Alter unbekannt, ich schätze so um die Dreißig oder noch etwas jünger. Sie möchte gerne mehr über mein Buchprojekt wissen, aber ich solle sie bitte nicht anrufen, sondern lieber schreiben. Gut, mache ich. Daraufhin schickt sie mir einen Brief, in dem sie ihre drei Jahre dauernde Eßstörung beschreibt. Zweierlei fällt sofort ins Auge. Einmal die Heimlichkeit, die eher typisch ist für noch akut Eßsüchtige, und zum anderen die kurze Dauer der Eßstörung. Gibt es wirklich Eßstörungen, die nach drei Jahren schon ausgestanden sind? Aber lassen wir Kathrin berichten:

»Es liegt alles schon so lange zurück, und bisher habe ich wirklich noch niemandem davon erzählt, nicht einmal mein Ehemann weiß, daß ich einmal eß- und brechsüchtig war. Insgesamt ging es über zwei bis drei Jahre (von 1978 bis 1980/1), und so froh ich bin, daß es vorbei ist, so interessiert bin ich doch noch daran, wie das alles entstehen konnte und wie andere mit diesem Problem umgehen. Deshalb lese ich auch heute noch fast jedes Buch und jeden Zeitschriftenartikel zum Thema ›Bulimie‹. Angefangen hat alles – wie bei vielen anderen Frauen auch – mit einer Diät. Ich bin schon von jeher immer recht pummelig gewesen, und so mit ca. 13 Jahren habe ich dann das erste Mal versucht, ein paar Kilo abzunehmen. Aber nach kurzer Zeit pendelte sich mein Gewicht immer wieder auf 60-63 kg (›Normalgewicht‹) ein.

Als ich dann nach einem erneuten Umzug mit meinen Eltern wieder mal in eine neue Schule gehen mußte, fing ich an, gezielter und ausdauernder abzunehmen. Ich war damals so 15/16 Jahre alt. Ich schaffte es, mich bis auf 55/56 kg runterzuhungern, und war recht stolz darauf – aber ich fühlte mich groteskerweise immer noch zu dick! Dieses Gewicht muß ich so einige Monate gehalten haben, bis irgendwann bei mir der Damm brach: Ich fing an zu fressen. Warum, weiß ich auch nicht. Vielleicht einfach aus

Frust, immer nur so wenig essen zu können, oder aber auch, weil ich mich trotz relativer Schlankheit nicht viel besser fühlte und sich meine Probleme – ich hatte noch immer keinen Freund und litt unter allgemeinen Kontaktschwierigkeiten durch meine Schüchternheit – durchs Abnehmen allein nicht lösen ließen. In ein bis zwei Jahren futterte ich mir so nach und nach 12 kg mehr an. Ich wog mit 18 Jahren bei einer Größe von 1,62 m fast 68 kg! Bei dieser ›Gewichtsmarke‹ kriegte ich Panik und kam auf die Idee (hatte ich es irgendwo als Tip gelesen?), immer wenn ich viel gegessen hatte, anschließend zu erbrechen. Da ich nun ein Mittel kannte, nicht weiter zuzunehmen, fraß ich um so mehr in mich hinein. Ich verschlang, was ich kriegen konnte, und nahm dabei wieder stetig ab, bis ich meine 56 bis 58 Kilo wieder erreicht hatte. Einerseits war es ein tolles Gefühl, andererseits war die Angst da, nicht mehr aufhören zu können, bzw. entdeckt zu werden!

Als ich dann mit fast zwanzig Jahren meinen jetzigen Mann kennenlernte und das erste Mal richtig verliebt war, konnte ich diese Sucht in den ersten Monaten der Beziehung ein wenig zügeln und in den Griff kriegen. Als ich dann aber zum Studieren in eine andere Stadt ziehen mußte, holten mich die ›alten Rituale‹ jedoch wieder ein. Das lag vor allem sicher daran, daß ich mich, getrennt von meinem Freund und das erste Mal auch getrennt vom Elternhaus, recht einsam fühlte und auch merkte, daß das Studienfach und das Studieren an sich mir nicht besonders lagen.

Durch die Sucht wurde ich immer depressiver und hegte manchmal sogar Selbstmordgedanken.

Mitten im zweiten Semester des Studiums wurde ich dann plötzlich krank. Heute glaube ich, daß das am ewigen Erbrechen lag. Mir war dauernd schlecht, ich konnte kaum noch etwas essen. Meine Ärztin stellte eine Hepatitis fest. In dieser Zeit der Krankheit brauchte ich seit langem mal wieder nicht zu erbrechen, denn ich hatte sowieso keinen Appetit und nahm dadurch sogar noch weiter ab.

Die Krankheit verschwand so plötzlich, wie sie gekommen war. Mir ging es wieder besser, und der alte Rhythmus des Essens und Erbrechens stellte sich bald wieder ein, wenn auch nicht mehr in solchem Ausmaße wie in der Zeit davor. Ich hatte nämlich Angst vor einer erneuten Leberentzündung.

Aber im dritten Semester des Studiums wurde ich zunehmend unzufriedener mit meiner Situation und immer depressiver. So konnte es nicht weitergehen! Meine berufliche Zukunft war auf einmal wieder völlig ungewiß.

Ich merkte immer mehr, daß das Studium der falsche Weg war, und auch, daß mir das Alleinsein am Studienort sehr zu schaffen machte. Immer öfter fuhr ich auch unter der Woche nach Hause und schwänzte die Vorlesungen.

Kurz vor Ende des dritten Semesters wurde mir schlagartig klar: Das Studieren hat keinen Sinn mehr. Wozu das alles? Noch in der gleichen Woche brach ich das Studium ab und bewarb mich an meinem Heimatort um eine kaufmännische Lehrstelle und hatte das große Glück, sie noch für das gleiche Jahr zu bekommen.

Ich erinnere mich an den Zeitpunkt des Endes meiner Bulimie nicht mehr genau (es sind immerhin schon fast neun Jahre her), aber es muß spätestens mit Beginn der kaufmännischen Lehre gewesen sein. Das Leben hatte plötzlich wieder Sinn für mich, und ich sah sicherer in die Zukunft. Ich war wieder daheim bei Eltern und Freund und war mit der Arbeit im Betrieb und Lernen für die Berufsschule voll ausgelastet und zufrieden.

Mein Gewicht habe ich dann immer im Bereich des sogenannten Normalgewichtes halten können.

Inzwischen habe ich nach zwei Schwangerschaften nun doch wieder 10 kg zuviel. Aber das macht mir nicht mehr ganz soviel aus, auch wenn ich vorhabe, nach dem Stillen des zweiten Kindes 3-4 kg abzunehmen. Ich fühle mich aber trotz dieses doch enormen Übergewichtes wohler als zu der Zeit, wo ich noch 15 kg weniger wog, mein ›Traumgewicht‹ aber nur durch ständiges Erbrechen halten konnte.

Es war ein schlimmer Teufelskreis, den ich niemandem wünschen möchte.

In den letzten neun Jahren ist es schon ab und an (vielleicht fünf oder sechs Mal) vorgekommen, daß ich wirklich zuviel gegessen hatte und mich so voll fühlte, daß ich mich erbrach. Aber das war dann die große Ausnahme und nicht die Regel. Ich hoffe, die Sucht ist bei mir einigermaßen geheilt und kommt nie wieder – aber das kann man bei keiner Sucht wohl so genau sagen. Wenn ich nochmals darunter zu leiden hätte, würde ich mich sofort um eine Therapie bemühen. Zu der damaligen Zeit dachte ich noch, nur ich allein sei so unnormal. Glücklicherweise weiß ich inzwischen, daß das nicht so ist, dank der vielen Literatur, die inzwischen zu diesem Thema erschienen ist.

Ihre Kathrin B.«

Aus Kathrins Brief läßt sich eine Menge lernen über den Verlauf der Bulimie. Immer beginnt sie damit, daß sich die Frau zu dick fühlt. Kathrin hielt mit 60 kg ihr Normalgewicht, trotzdem fühlte sie sich zu dick. Das dürfte so Mitte der Siebzigerjahre gewesen sein, und damals war es wichtig, sehr schlank zu sein. Dann kamen die üblichen Diätversuche und Kathrin schaffte es sogar, sich auf ein Idealgewicht herunterzuhungern. Das kann aber nicht ihr individuelles Wohlfühlgewicht gewesen sein, denn es kostete sie viel Mühe, es aufrechtzuerhalten. Und dann passiert etwas, was auch ganz typisch für alle Eßstörungen ist: Die Eßanfälle treten auf. Ratten, die längere Zeit gehungert haben, essen sich später nicht einfach nur satt, sondern fressen hemmungslos.

In den vielen Schilderungen von betroffenen Frauen erkennt man immer wieder einen ähnlichen Verlauf der Krankheit: erst Diät, dann Eßanfälle, dann noch strengere Diät, dann noch stärkere Eßanfälle und schließlich entweder Erbrechen, Abführmittel, Appetitzügler oder eine enorme Gewichtszunahme. Was zuerst wie eine »Lösung« aussieht – das Erbrechen –, heizt das Ganze an: Da es nun »egal« ist, wieviel die Betroffene ißt, tut sie das auch hemmungslos. Sie hat auch kein Gefühl mehr dafür, wann sie satt ist – sie ißt bis kurz vor dem Platzen. Dann erbricht sie alles, manchmal weniger als alles. Manche Frauen müssen dann gleich wieder viel essen, denn die Leere im Magen ist ihnen auch nicht angenehm. Frauen, die sich vier-, fünfmal am Tag vollessen und erbrechen, sind so ausgefüllt mit Einkaufen, Essen, Herauswürgen in Heimlichkeit, Spurenverwischen, daß sie bald keine Freizeit mehr haben und immer mehr Geld für ihre Sucht verbrauchen. Manche haben sich dadurch sogar verschuldet. Diese akute Phase kann jahrelang anhalten – ich kenne auch Frauen mit fast 20jähriger Eßsucht.

Dann treten die Spätschäden auf: Die Zähne werden durch die im Magen gebildete Salzsäure, die ja mit erbrochen wird, angegriffen. Störungen des Elektrolythaushaltes, das heißt des Natrium-, Kalium- und Mineralstoffgleichgewichts, führten zu Kopfschmerzen, Schwindel, Ohnmachten. Manche Frauen bekommen Magenschmerzen, manche Haarausfall, unregelmäßige Menstruation oder leiden unter chronischer Müdigkeit und Erschöpfung. Kathrin hat eine wichtige Erfahrung gemacht. Als sie dünn ist, merkt sie, daß ihre anderen Probleme, wie Kontaktstörungen und Schüchternheit, immer noch da sind. Dickere Frauen glauben oft, daß sie, wenn sie dünn wären, mit dem Fett auch ihre Probleme losgeworden wären. Sie werden aber nur jene Probleme los, die sie durch das Fett bekommen haben: Gelenkbeschwerden, Wirbelsäulenbeschwerden, hohen Blutdruck, Kurzatmigkeit, Probleme beim Kleiderkauf etc. Kontaktstörungen und Schüchternheit aber weisen auf tiefer liegende Ängste hin: Angst vor Ablehnung und mangelndes Selbstvertrauen. Möglicherweise wollte Kathrin dünner werden, weil sie diese Probleme loswerden wollte. Abnehmen war aber nicht das geeignete Mittel. Das Abnehmen muß für die Lösung vieler Probleme herhalten. Es wird versuchsweise dafür eingesetzt, Männer zu »erobern«, Ehen zu kitten, Freundinnen (oder Feindinnen) auszustechen, seinem Leben einen neuen Glanz zu verleihen, Jobs zu bekommen, einen besseren Eindruck zu machen. Hinter all diesen Zielen ist noch eines verborgen:

nicht abgelehnt zu werden, endlich gut genug zu sein. Das heißt, daß also mangelndes Selbstwertgefühl und Selbstvertrauen das Eßverhalten der Frauen begründen. Viele argumentieren jetzt, daß eine Frau vor allem durch ihr Aussehen bewertet wird und daß man als Dicke sowieso nicht konkurrenzfähig ist. (Vielleicht hat die Dicke aber ihr Fett gerade dazu gebraucht, um nicht konkurrieren zu müssen?). Bei den ganz Dicken mögen diese Argumente richtig sein, bei den vermeintlich Dicken bestimmt nicht. Ob eine Frau 55 oder 60 kg wiegt ist für ihre Lebensgestaltung unerheblich, abgesehen davon, daß man eine Gewichtsabnahme von fünf Kilogramm nur selten überhaupt bemerkt. Es ist also klar, daß Abnehmen tiefer liegende Probleme nicht löst.

Die Freude über eine Beziehung zu einem Mann läßt dann das Eßproblem bei Kathrin für einige Zeit in den Hintergrund treten. Nun wird sie akzeptiert, durch Gefühle ausgefüllt und ist weniger einsam. Das Essen muß in der intensiven Zeit einer neuen Liebe keine Löcher stopfen. Das geht jedoch nur kurze Zeit gut, dann bricht alles zusammen. Kathrin geht in eine andere Stadt zum Studium. Plötzlich werden Anforderungen an sie gestellt, denen sie nicht gewachsen ist, und dabei geht es ihr sicher so wie den meisten Studienanfängern aus behüteten Elternhäusern: die Trennung vom Zuhause und vom Freund, die Zimmersuche, der anonyme Unibetrieb, der Massenbetrieb in der Mensa. Man muß alleine aufstehen, einkaufen, Wäsche waschen (irgendwo im Waschsalon), Vorlesungen und Seminare auswählen und dabei immer wieder Verantwortung übernehmen und organisieren, organisieren, organisieren. Da man mit den Kommilitonen noch nicht warm ist, gibt es niemanden, mit dem man reden kann. Diese Anforderungen erfordern große Selbständigkeit und Eigenständigkeit. Die meisten Studenten erwerben diese Fähigkeiten ziemlich schnell, denn sie müssen in der Maschinerie überleben. Da Kathrin jedes Wochenende nach Hause fuhr, war sie auch nie richtig integriert. Nur das Essen gab ihr Halt und Geborgenheit – sie braucht es mehr als früher. Aber sie wird immer depressiver, und erst eine Krankheit bringt sie zunächst zur Besinnung. Warum bekommt sie gerade eine Hepatitis? Thorwald Dethlefsen schreibt in »Krankheit als Weg«: »Die Leber ist der Lieferant der Energie. Der Leberkranke verliert aber gerade diese Energie und Lebenskraft: Er verliert seine Potenz, er verliert die Lust am Essen und Trinken. Er verliert die Lust an allen Bereichen, die mit Lebensäußerungen zu tun haben – und so korrigiert und kompensiert das Symptom bereits sein Problem, das da heißt: zu-viel. Es ist die körperliche Reaktion auf seine Maßlosigkeit und Größenphantasien und lehrt ihn, von diesem Zu-viel loszulassen. Da die Blutgerinnungsfaktoren nicht mehr gebildet werden, wird das Blut zu flüssig – und so fließt dem Patienten das Blut – der Lebenssaft – buchstäblich weg. Der Patient lernt in der Krankheit die Einschränkung, die Ruhe und die Entbehrung (Sex, Essen, Trinken) – überdeutlich sehen wir diesen Prozeß bei der Hepatitis.«[1]

Wie schon im letzten Interview gibt es auch bei Kathrin ein bedeutsames Ereignis, einen »Schuß vor den Bug« sozusagen. Bei Anita war der Tod ihrer Freundin ein Wendepunkt, bei Kathrin der Entschluß, ihr Leben zu ändern. Sie hat weniger gegessen, weniger erbrochen und – da sie ihr Betäubungsmittel damit reduziert hatte – spürte ihre Gefühle wieder besser. Kurz darauf zieht sie dann die Konsequenzen aus der Erkenntnis, die sie schon länger gemacht hatte: Das Studium ist nicht der richtige Lebensplan für sie. Sie wagt es, alles hinzuwerfen. Natürlich ist Kathrins Entscheidung auch eine Flucht zurück nach Hause. Aber zunächst ist es für sie sicherlich die richtige Entscheidung. Möglicherweise ist sie eher praktisch veranlagt als theoretisch und wäre in einem rein theoretischen Beruf nicht glücklich geworden.

Sich nach seinen Neigungen und nicht nach Regeln des Verstandes und Prestiges zu entscheiden, das mildert den

---

[1] Dethlefsen, Krankheit als Weg, S. 193

Freßdruck. Fast alle Frauen mit Eßstörungen haben einen Punkt in ihrem Leben, der für sie nicht »stimmt«. Dies kann der falsche Arbeitsplatz, der falsche Beruf oder der falsche Partner sein. Eine Veränderung steht an, und davor scheut die Frau zurück.

Und warum? Weil sie glaubt, es sei besser, z.B. den falschen Mann zu haben, als gar keinen. Hier ist wieder mangelndes Selbstvertrauen der Grund, denn die Frau glaubt nicht, daß sie bessere Möglichkeiten hätte. Kathrin hat zwar keine Eßanfälle mehr, bezweifelt aber, daß man von einer Sucht je ganz loskommt. Das ist nun wiederum abhängig von der Frage, wie man Sucht definiert. Man kann sehr wohl von den Eßanfällen loskommen und auch von einer Symptomverschiebung in Richtung Kaufsucht, Spielsucht oder Alkoholismus. Woran man allerdings sein ganzes Leben lang zu arbeiten hat, das sind jene Symptome, die mit den Eßanfällen zusammenhängen und die sie auslösen und wiederkehren lassen. Dazu zählen zum Beispiel Schwierigkeiten, sich zu behaupten, Abgrenzungsprobleme, mangelnder Egoismus, mangelnde Verantwortung für sich und seine Handlungen, Bequemlichkeit, Ängste aller Art, Hemmungen, mangelndes Selbstvertrauen, Schüchternheit, Zwänge und Zwangsgedanken.

Daran wird Kathrin noch lange arbeiten müssen.

3. »Ein Kind und kein Job«

Franziska M. ruft mich gleich an, nachdem meine Annonce erschienen ist. Wir machen einen Termin aus und verplaudern dann einen ganzen Abend – nicht nur über bewältigte Eßprobleme, sondern über Gott und die Welt. Franziska hat ein bewegtes Leben hinter sich, sie hat das Steuer ihres Lebens um 180 Grad herumwerfen müssen, um dort zu stehen, wo sie heute steht. Sie ist 37 Jahre alt und arbeitete bis zur Geburt ihrer Tochter als Sozialarbeiterin.

»Eigentlich bin ich in einem sehr behüteten Elternhaus aufgewachsen. So behütet allerdings, daß ich mit 21 Jahren noch nicht richtig aufgeklärt, völlig weltfremd war und überhaupt nicht durchblickte, was sich zwischen Menschen hinter der Fassade abspielte. Ich war unglaublich naiv, und ich war voller Klischeevorstellungen darüber, wie die Welt und wie mein Leben zu sein hatten.«

»Und wie hast du dir dein Leben vorgestellt?«

»Ja, also, ich komme aus einfachen Verhältnissen, und besonders meine Mutter hatte versucht, über mich ihren Hang zu Höherem auszuleben. Ich sollte studieren, um mal einen Akademiker zu heiraten. Ich selbst hatte mir diese Vorstellung ebenfalls zu eigen gemacht und wollte unbedingt einen Arzt heiraten. Also fing ich an, Medizin zu studieren, aber nicht etwa um Ärztin zu werden – Gott bewahre. Ich wollte mir einen Mediziner angeln. Als ich an die Uni kam, war ich noch Jungfrau, aber das glaubte mir keiner. Allerdings war ich das dann nicht mehr lange, denn einer der vielen Mediziner, die ich kennenlernte, überrumpelte mich einfach, und da ich nicht richtig aufgeklärt war, war mir auch nicht so ganz klar, was er wollte. Aber nochmals zu deiner Frage zurück: Ich wollte Arztfrau sein und sonst nichts. Kinder wollte ich nicht – davor hatte ich panische Angst. Ich hoffte, daß mich bald einer durch Heirat vom Studieren erlösen würde, denn das Fach Medizin gefiel mir nicht. Die ersten zwei Semester hielt ich noch durch, aber als dann die Präparierkurse anfingen, bei denen man an Leichen herumschnippeln muß, da habe ich endgültig die Nase voll gehabt. Außerdem hatte ich meinen Arzt schon kennengelernt. Wir waren auch schon verlobt und wollten bald heiraten. Leider wollte er bald Kinder. Er war acht Jahre älter und schon Wissenschaftlicher Assistent. Ich konnte zu ihm aufblicken.«

Wie hat nun Franziskas Eßproblem angefangen?

»Also, ich weiß das noch ganz genau. Ich war mit circa 18 Jahren – man muß dazu sagen, daß damals Twiggy in Mode war – beim Tanzen, und es hatte mich kein einziger Mann zum Tanzen aufgefordert. Dazu muß man sagen, daß ich strategisch sehr ungünstig saß. Normalerweise hatte ich nicht über Tänzermangel zu klagen. Aber dieses Herumsitzen wie ein Mauerblümchen war eine schwere Kränkung für mich. Ich schrieb es meinem Aussehen zu, besonders meiner Figur. Damals habe ich bei 1,62 m 58 kg gewogen. Am nächsten Tag aß ich sehr wenig und den Rest der Woche auch. Gleich in der ersten Woche hatte ich zwei Kilo weniger. Das spornte mich an. Kilo um Kilo purzelte. Irgendwie hatte ich das Essen im Griff. Nach drei Monaten war ich auf 50 Kilo. Alle Klassenkameraden beneideten mich um meine tolle Figur. Aber ich dachte nicht daran aufzuhören. Allerdings blieb bei 49 Kilo meine Periode weg, was ich aber eher als positiv betrachtete. Ich sah sehr schön aus, aber die viele männliche Aufmerksamkeit störte mich eher, als daß sie mich erfreut hätte. Dann hatte ich – allerdings nur für einen Tag – die Traumgrenze von 45 Kilo erreicht. Inzwischen durfte ich nur noch einmal am Tag essen, meist zu Mittag und den Rest des Tages nichts mehr. Auch sah ich nicht mehr so toll aus, sondern ziemlich klapprig. Viele Leute, einschließlich meiner Eltern, drängten mich, mehr zu essen. Ich selbst fand mich so dünn in Ordnung. Dann kamen die Eßanfälle, ein paar Wochen später entdeckte ich das Erbrechen. Ich teilte Nahrungsmittel strikt ein in erlaubte und unerlaubte. Bei Freßanfällen aß ich nur das Unerlaubte: Schokolade, Marzipan, Nougat, Kuchen, Schlagsahne – in rauhen Mengen. Meine Eltern merkten nichts vom Erbrechen. Das Gewicht pendelte sich zwischen 48 und 50 kg ein.

Dann mußte ich an die Uni. Die Trennung vom Elternhaus entwurzelte mich völlig. Ich war es gewöhnt, daß mich meine Mutter morgens weckte, mir Frühstück machte, mittags gekocht hatte, meine Wäsche wusch. Plötzlich sollte ich das alles selbst in die Hand nehmen. Ich war völlig überfordert. Meine Mutter drängte mich, jedes Wochenende nach Hause zu fahren, und das tat ich auch. Unter der Woche aß ich, flippte auf Feten herum und wurde immer dicker. Bei 55 kg bekam ich die Panik. Ich fing an zu rauchen und nahm wieder etwas ab. Als ich meinen Freund kennenlernte, konzentrierte ich mich nur noch auf ihn. Aber obwohl er sich wohl anfangs geschmeichelt fühlte, ging ich ihm doch zunehmend auf die Nerven. Ich brauchte etwas anderes, auf das ich mich konzentrieren konnte. Aber was?«

Franziskas Geschichte zeigt uns einen Punkt, der bei vielen Süchtigen im Vordergrund steht: der Wunsch, versorgt zu werden, unselbständig zu bleiben, wieder eine gute Mutter zu haben. Daß sie sich gerade einen Arzt, also jemanden mit dem »helfenden Beruf« par excellence sucht, ist sicher kein Zufall. Franziska hat den starken Drang, mit dem Partner eine Symbiose herzustellen. Sie selbst weiß durch ihren Beruf als Sozialarbeiterin, daß dieser Wunsch aus einem Mangel an Bemutterung in der frühen Säuglingszeit heraus entsteht. Man versucht sozusagen in der Partnerbeziehung etwas nachzuholen, was einem die eigene Mutter versagt hat. Franziska dazu:

»Das ist bei mir kein Wunder, denn meine Mutter hat mich, da ich unehelich war, gleich nach meiner Geburt in ein Kinderheim gegeben. Da sie mich nicht stillte und mich nur am Wochenende besuchte, habe ich natürlich Defizite in der Beziehung zu meiner Mutter gehabt und habe sie immer noch – aber ich glaube, gerade in diesem Punkt habe ich während meiner Entwicklung die größten Fortschritte gemacht. Ich kann mich inzwischen selbst ganz gut bemuttern. Die frühen Defizite haben bei mir zu starken Trennungsängsten und zu Anklammerungstendenzen geführt. Ich war immer bereit, mein eigenes Leben für einen

Partner aufzugeben. In der Hoffnung, ein bißchen Liebe und Wärme zu bekommen.«

Ich fragte Franziska, wann ihre schlimmsten Freß-Zeiten gewesen waren.

»Als ich mich immer stärker an meinen Freund anklammerte und ihn praktisch nicht mehr aus den Augen ließ, wurde er mir gegenüber immer mißmutiger. Ich hatte praktisch kein eigenes Leben mehr. Zwar hatte ich angefangen, Sozialarbeit zu studieren, und das interessierte mich auch, aber ich ließ sofort alles liegen und stehen, wenn die Chance bestand, daß ich Fred, meinen Freund, sehen könnte. Eines Tages verließ mich Fred. Er machte einfach Schluß. Das war der Schock meines Lebens. Obwohl ich mich damals am liebsten umgebracht hätte, war es ein heilsamer Schock. Ungefähr vier Wochen schloß ich mich ein, heulte, aß, erbrach. Manchmal schlich ich mich aus dem Haus, um neuen »Stoff« zu kaufen. Obwohl ich erbrach, wurde ich immer dicker. Irgendwann wog ich 65 kg. Ich konnte mich nirgendwo mehr blicken lassen, weil ich befürchtete, daß mich die Leute auf meine Figur ansprechen würden und auf meine gescheiterte Beziehung. Ich fühlte mich als Versager in beiden Punkten. Als ich mich einmal abends an die Uni schlich, um die Aushänge und Anschläge zu studieren, entdeckte ich ein Werbeplakat, in dem Studenten zur Aushilfe bei der Tabakernte in den USA gesucht wurden. Das ist es, sagte ich mir, nichts wie weg, irgendwo hin, wo dich keiner kennt. Ich bewarb mich, wurde genommen und fuhr für drei Monate in die USA. Was ich dort erlebte, würde drei Bücher füllen. Auf jeden Fall kam ich wieder – oder vielleicht das erste Mal überhaupt – auf die Füße.

Wir Studenten wurden sehr ausgenutzt, arbeiteten bis zum Umfallen auf den Tabakfeldern und wohnten unter der Woche in üblen Baracken. Das Essen war schlecht und wenig. Ich nahm in dieser Zeit 20 Pfund ab und gewann mindestens 20 Kilo an Selbständigkeit und Selbstbewußtsein hinzu. Ich habe die Erfahrung gemacht, daß mir niemand wirklich helfen kann, und die sehr gute Erfahrung, daß ich sehr stark und kompetent bin – stärker als die meisten Männer, die ich kenne.«

Franziska hatte in ihrer Beziehung Halt gesucht, wollte alles recht und richtig machen und hat dann doch alles (war es wirklich alles?) verloren. Dann hat das Leben Franziska gefordert, und sie mußte sich zwangsläufig entwikkeln. Jetzt erst entdeckte sie, was in ihr steckt; und daß Männer doch nicht immer die starken Schultern zum Anlehnen haben, diese Erfahrung hätte sie jedoch nie freiwillig gemacht. Man sollte Schicksalsschläge nicht nur negativ sehen, sondern immer als Herausforderung. Aber lassen wir Franziska weitererzählen:

»Als ich dann wieder zuhause war, ging ich ganz anders an mein Studium heran. Ich arbeitete auf einmal sachbezogen und interessierte mich inhaltlich viel stärker. Ich las auch einmal freiwillig ein Fachbuch. Aber irgendwie fehlte mir ein Mann. Meinen Medizinertraum hatte ich inzwischen ausgeträumt. Hier war ich schon offener und flexibler geworden.

Kurz und gut, der nächste Mann kam, und mein Eigenleben schwand wieder. Auch wurde mein Eßverhalten nach der ersten Verliebtheitsphase wieder problematischer. Mindestens einmal am Tag hatte ich einen ungefähr einstündigen Eßanfall und erbrach mich hinterher. Dann machte der neue Freund, Kristof hieß er, den Vorschlag, daß wir doch zusammenziehen könnten. Ich war einverstanden, wir suchten eine kleine Wohnung und zogen innerhalb kurzer Zeit zusammen. Und dann kam das Chaos: Kristof entpuppte sich als schlampig und faul. Ich glaubte, ich müsse alles in Ordnung halten – ich war ja so naiv erzogen worden. Und ich hielt alles in Ordnung – mit dem Ergebnis, daß Kristof immer fauler wurde, je mehr ich erledigte. Mein Studium ließ ich einschlafen, meine Eßanfälle nahmen zu, und ich wog wieder fast 65 kg. Aber mein Tiefpunkt war noch nicht erreicht. Der kam, als ich für eine Prüfung lernen mußte. Ich hatte riesige Wissenslücken und wollte eigentlich zehn Stunden pro Tag am Schreibtisch arbeiten. Aber es ging nicht. Ich fühlte den Zwang, den

Haushalt erst zu erledigen. »Erst die Arbeit, dann das Vergnügen.« Arbeit war für mich die Arbeit meiner Mutter: Haushalt. Als ich das erkannte, zwang ich mich, nur noch einmal pro Woche das Gröbste zu erledigen. Von da an klappte es mit dem Lernen. Aber auch mein Selbstbewußtsein kam allmählich zurück. Ich nahm die Dinge weniger hin, sondern fing an zu kämpfen. Die Beziehung zu meinem Freund wurde immer schlechter, und komischerweise beunruhigte mich das nicht so sehr, sondern es erfüllte mich mit Erleichterung. Bei einem ganz schlimmen Streit warf ich Kristof hinaus, und er blieb die ganze Nacht weg. Am nächsten Tag holte er seine Sachen. Ich schwankte zwischen neuem, nie gekanntem Tatendrang und einer großen Lust zu leben einerseits und Panik, Depression und Angst andererseits. Es war mir klar, daß diese Gefühle mit Kristof nichts zu tun hatten, sondern meine Ängste vor dem Alleinleben waren. Und so sagte ich mir: ›Gefühle sind keine Fakten. Morgen sieht alles wieder anders aus.‹ Und ich lenkte mich ab, ging schwimmen, ging in die Sauna, zum Bodybuilding, zum Joggen, ins Theater, ins Konzert, ins Kino, in die Kneipe, kaufte mir schöne Kleider. Denn plötzlich war auch meine Eßsucht wieder fast weg, und mein Gewicht sank zusehends.

Das ging so ein halbes Jahr, dann war die Talsohle durchschritten, und es ging streng bergauf. Ich hatte auch noch meine Prüfung bestanden und fühlte mich sowieso gut. Das Beste aber war, daß ich es geschafft hatte, aus eigener Kraft zu »überleben«. Ich hatte mich zwar abgelenkt, aber die Gefühle, die ich sonst mit Essen weggestopft hatte, hatte ich zugelassen und gelitten wie ein Tier. Nun mußte ich keine Gefühle mehr vermeiden, denn es konnte einfach nicht mehr schlimmer kommen.«

Wieder hat Franziska eine wichtige Erfahrung gemacht: Sie hat Gefühle, die weh tun, zugelassen. Wenn man diese Gefühle zuläßt, dann kann man zunächst gar nicht mehr essen. Franziska hat diese Gefühle durchlebt und hat sie ausgehalten. Sie dauern nicht ewig, und

Franziska wußte dann aus Erfahrung, daß der Schmerz irgendwo ein Ende hat.

Wie ging es weiter mit ihr?

»Nach dieser Trennung lebte ich drei Jahre alleine. In dieser Zeit ging es mir unterschiedlich gut und schlecht. Ich beendete mein Studium und bekam gleich einen Job in einem Heim für schwererziehbare Jugendliche. Das war im letzten Jahr meines Alleinseins. Die zwei Jahre davor hatte ich etliche sehr kurze Beziehungen. Jetzt wagte ich es, eine Beziehung gleich zu beenden, wenn ich merkte, man paßt nicht zusammen, und versuchte nichts mehr zu retten und zu schonen. Es ging mir gut damit, mit zunehmender Erfahrung ging es immer leichter, Schluß zu machen. Und dann kam noch etwas Wichtiges: Ich war eine Zeitlang auf dem New-Age-Trip und machte eine Reinkarnationstherapie. Der Gedanke, daß man öfters lebt, hatte mich schon als Kind fasziniert. Nun wurde ich mittels Trance in frühere Leben versetzt und sah auch deutlich, welche Schwierigkeiten sich durch alle Leben zogen. Es war oft die Tatsache, daß ich nicht zu mir selbst stand, sondern anderen gegenüber viel loyaler war als mir selbst gegenüber. Immer hatte ich faule Kompromisse gemacht, und immer gingen sie auf meine Kosten. Und dann machte ich immer mich dafür verantwortlich, wenn diese faulen Kompromisse auch noch schlecht ausgingen. Ich schämte mich so dafür, daß ich bei einer Sitzung sogar erbrechen mußte. Dann kam die Wut darüber, wie schlecht ich mich eigentlich behandelt hatte, und ich beschloß, kompromißlos mein eigenes Leben zu leben. Ich lernte mich abzugrenzen, mir Leute vom Hals zu halten und mir zuzugestehen, wenn und wann ich etwas wollte. Ich aß nur noch, wenn ich Hunger hatte, zog aber auch mitten in der Vorlesung meine mitgebrachte Stulle heraus. Ich lernte zu tanzen, denn dabei konnte ich mich gut ausdrücken, und Musik liebe ich über alles. Und beim Tanzen lernte ich Joachim kennen, meinen jetzigen Mann.«

Einerlei, ob es nun wirklich frühere Leben oder einfach bedeutsame Phantasien waren, die in den Trance-Sitzungen ans Licht kamen, Franziska erkannte den Kern ihrer Schwierigkeiten: die mangelnde Liebe zu sich selbst und die mangelnde Solidarität mit sich selbst. Dies ist ihr nicht nur durch den Verstand bewußt geworden, sondern sie hat es nochmals gefühlsmäßig im Zeitraffer erlebt, und es war ihr dann zum Kotzen zumute. Das ist wieder ein heilsamer Schock, ein bedeutsames Ereignis.

Jetzt ist Franziska bereit, die Konsequenzen zu ziehen. Sie lernt ganz allmählich ihr eigenes Leben zu leben, und das hört sich leichter an, als es ist. Sie mußte dabei Fehler machen, denn Loyalität mit sich selbst lernt man am besten, wenn man erst einmal Illoyalität mit sich selbst erlebt hat. So, wie man seine Grenzen dann erst spürt, wenn man sie einmal überschritten hat. Illoyalität mit sich selbst äußert sich zum Beispiel darin, daß man zu oft nachgibt und seine eigenen Interessen hintanstellt oder gar nicht mehr berücksichtigt und schon gar nicht mehr selbst weiß, was man will. Man hält still, wenn man eigentlich schreien möchte, und schont sich nicht und verausgabt sich, auch wenn die Kräfte schon verbraucht sind. Sich von diesen Verhaltensmustern zu lösen heißt, auf sich und seine Bedürfnisse zu hören und egoistischer zu werden. Es heißt auch, Kompromisse auszuhandeln, die aber nicht »faul« sind, sondern bei denen jede Seite Abstriche machen muß und die letzten Endes für jeden Vorteile mit sich bringen.

Nun wollen wir aber sehen, wie es mit Franziska weiterging.

»Ich habe also meinen Mann kennengelernt. Zuerst war er nur mein Tanzpartner, den ich über eine Zeitungsannonce gefunden hatte. Damals steckte ich noch in einer kompromißlosen, ichbezogenen Phase, die ich dringend brauchte. Ich ließ mich nur ganz langsam auf eine Beziehung ein, die er von Anfang an wollte. Er war zuerst gar nicht mein Typ – oder besser, er entsprach nicht meinen Klischeevorstellungen. Er war weder Arzt noch war er viel größer als ich. Mit »aufschauen« war da nichts. Er war ein gleichwertiger Partner von Anfang an. Nach und nach wurde ich wieder weicher, gab auch wieder nach. Oft bekam ich danach einen Eßanfall und wußte dann, daß ich mich falsch verhalten hatte. Ich machte dann Entscheidungen so weit wie möglich wieder rückgängig. Eines war mir klargeworden: Meine Gesundheit kam zuerst. Ich ließ mich nur in dem Maße auf die Beziehung ein, wie ich mein Eigenleben aufrechterhalten konnte. Das klingt so einfach, war aber mit vielen Rückfällen verbunden, und erst nach und nach schaffte ich es, den Mann in mein Leben hereinzulassen, ohne daß ich entweder alles ihm zuliebe aufgab oder mich rigoros abgrenzte. Irgendwie ruhte ich mehr in mir. Ich merkte auch, wie eine körperliche Veränderung vor sich ging. Allmählich konnte ich meine Figur akzeptieren, wie sie ist – heute wiege ich mich schon lange nicht mehr. Mein damaliger Freund war sehr zärtlich, und ich merkte bei ihm überhaupt erst einmal, welche starken Berührungsängste ich hatte, welche Hemmungen und Verklemmtheiten. Ich öffnete mich körperlich und sexuell immer mehr. Zum ersten Mal hatte ich einen Orgasmus mit einem Mann. Je mehr ich mich öffnete und er mich dabei unterstützte, um so deutlicher fühlte ich etwas, was ich mir bei mir immer als unmöglich vorgestellt hatte: Ich wollte ein Kind. Und ich wurde ganz schnell schwanger. Wir freuten uns sehr auf das Kind. Während der ganzen Schwangerschaft mußte ich viel essen – zum ersten Mal *mußte* ich viel essen. Und ich hatte keinen einzigen Eßanfall mehr. Im Gegenteil, oft hatte ich weniger gegessen, als ich mir vorgenommen hatte. Als das Kind da war, kam die stressigste Zeit meines Lebens. Tag und Nacht war ich auf den Beinen, schlief nur noch stundenweise. Die kleine Veronika ist jetzt ein halbes Jahr alt, und ich habe durch Stillen und Herumrennen mindestens zwei Kleidergrößen abgenommen. Essen ist einfach kein Thema mehr. Ich kann mich heute als glücklich und als innerlich stabil bezeichnen.«

Ich fragte Franziska, ob sie wieder berufstätig sein wolle.

»Ach so, ja, das hatte ich vergessen zu sagen, in meinem Job im Heim war es mir nicht gutgegangen. Ich merkte, daß genau das Verhalten von mir verlangt wurde, das ich nicht mehr zeigen wollte: meine eigenen Bedürfnisse zurückzunehmen und mich für andere Leute abzurackern. Die Jugendlichen im Heim hatten in ihrer Kindheit keine richtige Bemutterung erfahren und waren infolgedessen überbedürftig, was Zuwendung, Fürsorge und Versorgung betraf. Gleichzeitig lehnten sie das alles wiederum ab und schwankten zwischen kleinkindhaftem Anklammern und ablehnendem Trotz. Und ich als die vernünftige Sozialarbeiterin mußte ständig ausgleichen und harmonisieren. Die Heimleitung wünschte, daß alle ganz harmonisch zusammenlebten und daß es keine Konflikte gäbe, während die Jugendlichen ihren Frust an den Mitarbeitern ausließen und sie gleichzeitig ununterbrochen forderten. Wenn ich meinen Feierabend antreten wollte, dann brach entweder regelmäßig eine Schlägerei aus, oder einer stellte etwas an, so daß ich oft gezwungen war, länger zu bleiben. Ich fühlte mich manipuliert und konnte doch nur wenig dagegen machen. Heute glaube ich, ein sozialer Beruf war nicht gut für mich. Ich habe keine Lust mehr, nur zu helfen, ich möchte mich um meine eigenen Belange kümmern. Und ich habe da auch schon eine Idee: Ich möchte mit einer Freundin zusammen einen Laden eröffnen. Momentan ist noch alles vage, wir spinnen uns da einfach etwas zusammen. Jeder bringt seine Ideen ein, und wenn unsere Kinder aus dem Gröbsten heraus sind, dann fangen wir an. Vielleicht ein Wollgeschäft, vielleicht ein Café mit Vollwertkuchen, vielleicht ein Babysitterdienst, oder, oder, oder. Es ist schön, daß alles nicht festgelegt, sondern noch so offen ist.«

Wie weit hat sich Franziska doch von ihrem Traum als Arztfrau entfernt. Sie hat sich den Herausforderungen ihres Lebens gestellt und ihr Leben nach ihren eigenen Bedürfnissen gestaltet und wird dies auch weiterhin tun. Vorbei sind die Zeiten, wo sie sich Klischees angepaßt hat. Das Problem ist nur, daß man die Klischees nicht immer gleich erkennt. Manchmal muß man wieder auf eines hereinfallen, um zu merken, daß es doch nur ein Trugbild war.

4. »In aller Ruhe«

Als sie anruft, meldet sie sich mit dem Vornamen. Sie will anonym bleiben. Nennen wir sie Isabella. Sie ist 33 Jahre alt, lebt in einer bayerischen Großstadt und hat einen technischen Beruf. Etwa 15 Jahre hat sie unter Bulimie gelitten, nun ist sie seit drei Jahren einigermaßen davon weg. Das Interview war kurz. Ihre Scheu, ausführlich zu erzählen, mußte ich respektieren.

»Bei mir fing es mit etwa 15 Jahren an. Ich fand mich zu dick und machte eine Eierkur. Es funktionierte gut, und ich nahm fünf Kilo ab. Aber dann ›sündigte‹ ich wieder und entdeckte das Erbrechen als ›Korrektiv‹. In meinen schlimmsten Zeiten erbrach ich dreimal täglich. Meist aß und erbrach ich abends nach der Arbeit. Ich lebe immer noch im Haus meiner Eltern. Ich bin das siebte von acht Kindern, und mein Elternhaus hat mich stark geprägt. Meine Mutter konnte mir kaum Liebe geben – sie war mit den vielen Kindern hoffnungslos überfordert. Ihr Liebesbeweis war das Essen. Essen spielte in meiner Familie eine große Rolle. Am meisten Anerkennung bekam ich durch Leistung. Wenn ich stark war, war ich gut. Niemals hätte ich meine Eßanfälle zugeben können. Erst als ich schon über ein Jahr davon weg war, habe ich meinem Freund gestanden, daß ich bulimisch war. Ich glaubte, meine Freßanfälle seien reine Willensschwäche. Und ich schämte mich dafür. Überhaupt schäme ich mich für vieles. Zum Beispiel kann ich nicht einfach ein Buch über Eßstörungen kaufen, ich würde mich vor der Verkäuferin zu sehr genieren. Auch eine Therapie käme für mich nicht in Frage, denn dort müßte ich meine Probleme zugeben und als Schwäche zeigen.«

Ich denke mir, was diese Frau für ein anstrengendes Leben haben muß, wenn sie immer nur stark sein darf. Sie darf keine Hilfe annehmen und muß von ihrer Mutter die Botschaft »Sei pflegeleicht, mache keine Arbeit und hilf kräftig mit« mitbekommen haben.

»Richtig, meine Schwächen durfte und darf ich nur

heimlich leben, aber auch da darf ich sie eigentlich nicht leben, denn ich schäme mich dann vor mir selbst und habe gar kein Verständnis für mein Verhalten. Hinzu kommt, daß ich in meinem Beruf fast nur mit Männern arbeite, die mir nahezu alle hierarchisch übergeordnet sind. Ich habe dadurch zuarbeitende, dienende Funktion, und ich muß es wieder anderen recht machen.«

Ich fragte, wann bei ihr der Wendepunkt kam.

»Vor ungefähr elf Jahren machte ich mal wieder eine Diät, eine Körnerkur. Die tat mir gut, und ich begann mich für vegetarisches Kochen zu interessieren. Auf diese Weise kam ich schließlich zu einem Yogakurs. Die vegetarische Ernährung und das regelmäßige Hatha-Yoga machten mich sensibler für meine Gemütszustände. Meine Wahrnehmung wurde verbessert, ich konnte Zwischentöne besser erkennen. Dadurch erkannte ich auch die Auslöser meiner Eßanfälle besser, und es gelang mir, bewußter zu essen, mehr Liebe zum Essen zu entwickeln und insgesamt mehr Selbstwertgefühl zu bekommen. Ich aß so gut wie keine Süßigkeiten mehr, so daß auch die Heißhungeranfälle seltener wurden. Die gesunde Kost sättigte mich besser. Meinen letzten Eßanfall hatte ich vor drei Jahren. Wenn ich heute mal zuviel esse, gerate ich nicht mehr in Panik und nehme mir dann auch nicht mehr vor, ab morgen wieder kürzer zu treten, sondern ich stehe dazu, daß ich mehr gegessen habe, und habe meist am nächsten Tag ohnehin weniger Hunger. Nur wenn ich deprimiert bin, dann kann es vorkommen, daß ich mal kurz denke, ich müßte abnehmen. Aber der Mechanismus funktioniert nicht mehr.«

Bei dieser Frau hat also vor elf Jahren ein Prozeß eingesetzt, in dessen Verlauf sie von den Heißhungerattacken weggekommen ist. Natürlich entwickelt man sich in elf Jahren sowieso, ob mit oder ohne Yoga, besonders im Alter zwischen zwanzig und dreißig Jahren. Ich fragte, was sonst noch zu ihrer Entwicklung beigetragen hatte.

»Was mir noch ganz besonders geholfen hat, das war der Bauchtanz. Er hat mich psychisch stabilisiert. Die Orientalinnen, die ihn tanzen, sind ja recht rundlich, und er sieht auch bei fülligen Frauen besser aus als bei klapperdürren. Ich habe gemerkt, daß ich durch meine gute Ausstrahlung beim Bauchtanz Leute anziehen kann. Es fällt mir leichter, Augenkontakt aufrechtzuerhalten und Unbekannten zuzulächeln. Irgendwie spürt man eine innere Kraft beim Bauchtanz, die nichts mit Aussehen oder gar Schlankheit zu tun hat. Es ist ein gutes Gefühl, wenn man merkt, man kann mit seiner Ausstrahlung sein Publikum ›erobern‹. Früher hätte ich da große Hemmungen gehabt und mir Gedanken gemacht, was wohl die Leute denken.«

Hier hatte Isabella Körpererfahrungen gemacht, die ihr ermöglichten, sich »auszudehnen«. Später werde ich noch ausführlicher darauf eingehen, was es heißt, sich psychisch »auszudehnen« oder sich »zusammenzuziehen«. Es hat etwas zu tun mit einem Strahlen von innen heraus und der Fähigkeit, ganz in einer Sache aufzugehen. Beides führt dazu, sich auf die Außenwelt oder auf das eigene Tun zu konzentrieren, was einen von eigenen Mängeln und anderen störenden Gedanken ablenkt. Es ist, als ob man beim Gehen sich genau darauf konzentriere, welchen Fuß man zuerst in Bewegung setzt, und wie man seine Füße koordiniert. Dann kommt man – wenn überhaupt – doch nur sehr mühsam vom Fleck. Stellt man sich aber einen Punkt ganz weit vorne vor und sagt sich, da will ich hin, dann schafft man das problemlos, ohne jeden Schritt zu überdenken.

Aber sehen wir weiter, was Isabella noch geholfen hat, von ihren Eßanfällen loszukommen.

»Früher habe ich überhaupt ziemlich negativ gedacht. Ich war eher skeptisch, grübelte viel, hatte vor allem Neuen Angst und unterstellte eher das Ungünstige und Negative. Außerdem setzte ich mich pausenlos unter Druck. Man muß dazu sagen, daß ich ziemlich perfektionistisch war und immer noch bin. Ein Hauptproblem war, daß ich mir keine Zeit genommen habe. Für nichts. Alles mußte schnell gehen. Heute ermahne ich mich, wenn ich merke, daß ich mal wieder hetze: ›Immer mit der Ruhe‹, und versuche, mich bewußt zu entspannen. Nach elf Jahren Yoga gelingt mir das auch gut. Ich habe gelernt, positiver zu denken, unterstelle eher das Gute und grüble im allgemeinen nicht mehr so viel. Ich versuche, die Dinge nicht mehr so sehr vom Kopf her bestimmen zu wollen, sondern sie mehr auf mich zukommen zu lassen.

Aber Gelassenheit muß ich immer noch sehr üben. Sie wird mir nicht geschenkt.«

Hier kommt Isabella auf ein paar wichtige Punkte zu sprechen: Gelassenheit, positives Denken, Aufgeben der Kontrolle und positive Lebenseinstellung.

Diese Ideale lassen sich jedoch nie ganz, sondern immer nur annäherungsweise erreichen, und auch hier kommt es wiederum darauf an, daß man nicht zuviel von sich selbst verlangt.

»Eine wichtige Sache möchte ich noch erwähnen«, sagt Isabella, »als ich noch Eßanfälle hatte und anschließend erbrach, lebte ich in großer Isolation. Zum einen, weil mein heimliches Tun neben Geld und Energie auch enorm viel Zeit verschlang, und zum anderen, weil niemand merken durfte, was mit mir los war. Unter dieser Einsamkeit habe ich sehr gelitten, teils suchte ich sie aber gleichzeitig auch. Als ich dann meinen jetzigen Freund kennenlernte, einen Segler, stellte sich bald die Frage, ob ich einen Segeltörn mitmachen wollte. Ich ließ mich darauf ein, trotz meiner Ängste davor. Die Vorstellung, wochenlang mit denselben Leuten Tag und Nacht auf engstem Raum zu leben, kein Intimleben zu haben, was Essen und Erbrechen betraf, war für mich ein Alptraum. Aber dann kam es doch ganz anders. Ich mußte gar nicht fressen.

Vielleicht lag das daran, daß durch die ständige Nähe anderer Leute eine innere Leere gar nicht aufkommen konnte. Irgendwie fühlte ich mich die ganze Zeit geborgen. Das gemeinsame Kochen empfand ich als ein sehr schönes Gemeinschaftserlebnis, und es wäre mir nie eingefallen, beim Essen gierig zu schlingen. Vielleicht war mir auch klar, daß mir ja das Mittel des Erbrechens gefehlt hätte.

Was ich damit sagen will ist, daß ich jetzt größere Nähe zu anderen Menschen aushalten kann. Früher mußte ich mich nach einer gewissen Zeit wieder zurückziehen, um

›wieder zu mir selbst zu kommen‹. Es war, als müßte ich meine Batterie aufladen. Heute habe ich sozusagen eine größere Speicherkapazität. Aber ich merke, daß ich noch mitten in einem Entwicklungsprozeß stehe und noch lange nicht fertig bin.«

Ich fragte Isabella, was sie noch bei sich verbessern oder bearbeiten möchte.

»Oft habe ich das Gefühl, daß ich noch einiges verändern müßte. Zum Beispiel habe ich große Angst, Kinder zu bekommen. Dann würde ich gerne das Verhältnis zu meiner Mutter aufarbeiten. Aber ich merke, daß ich auch eine große Scheu vor Therapien habe, denn ich fürchte, daß die alten Wunden aufreißen könnten, die gerade ein wenig verheilt sind.«

Könnte es sein, daß Isabella gerade die Spitze des Eisberges abgetragen bzw. erst einen kleinen Teil ihrer Probleme bewältigt hat und der größere Teil noch darauf wartet, bearbeitet zu werden?

5. »Brauche ich meine Sucht?«

Sie war die erste, die mich angerufen hat. Eine liebe Stimme, offen, lebenslustig und sympathisch. Ja, sie erzählt mir alles, ja, ich kann alles schreiben. Sie sagt, sie stehe zu allem.

»Von mir aus kannst du es über das Mikrofon im Kaufhaus Hertie ausrufen, es kümmert mich nicht.« Tina H. aus Dortmund. 27 Jahre alt, Krankenschwester in der Psychiatrie mit dem Wunsch, Heilpraktikerin zu werden.

»Wie alles angefangen hat? Ja, also als Kind war ich schon zu dick. Oft habe ich so viel gegessen, daß ich unwillkürlich erbrechen mußte. Meine Mutter war ständig am diäteln, und mich hat sie einerseits überfüttert, andererseits wegen meiner Figur gehänselt. Total ambivalent. Mit siebzehn machte ich eine vierzehntägige Fastenkur – ein Wahnsinn – und nahm 10 kg ab. Dann entdeckte ich das Erbrechen und praktizierte es auch gleich mehrmals täglich. Gefressen habe ich aus Einsamkeit. Da mein Vater Berufssoldat war, zogen wir häufig um, und es dauerte lange, bis ich wieder Freundinnen gefunden habe. In solchen Zeiten war ich oft alleine. Zwar hatte ich eine größere und eine kleinere Schwester, aber Gleichaltrige habe ich trotzdem vermißt. Meine Eltern hatten keine gute Ehe. Sie stritten viel, und meine Mutter war auf mich eifersüchtig, weil der Vater mich liebte. Vater liebte sie nämlich nicht besonders. Sie »betrog« ihn dafür, indem sie beim Einkaufen Geld einbehielt. Nach außen spielten sie krampfhaft heile Welt. Und ich fühlte mich in dieser verlogenen Welt so einsam, daß ich mich durch essen aus allem raushielt. Das Erbrechen ging immer leichter, zeitweise praktizierte ich es zehnmal am Tag. Manchmal blutete ich aus dem Hals. Obwohl mir dies angst machte, war es mir wichtiger, einen leeren Bauch zu haben. Dieses leere Gefühl im Magen gab mir irgendwie Halt. Immer wieder machte ich lange Fastenkuren, was aber den unstillbaren Hunger erst richtig anheizte. Eines Tages fiel meinen Eltern das stinkende Badezimmer auf. Sie schoben es auf meinen kranken Magen.

Sie bemerkten nichts und wollten auch nichts bemerken. Nach dem Abitur zog ich aus dem Elternhaus aus und begann meine Ausbildung zur Krankenschwester. Auch während dieser Ausbildung habe ich gefressen und gekotzt. Und später im Krankenhaus auch noch. Aber mein Haß und meine Aggression wuchsen. Ich wußte, daß ich so nicht weitermachen wollte. Irgend etwas stimmte nicht mit mir.«

»Gab es dann bei dir einen Wendepunkt oder einen Punkt, an dem du ganz unten warst?«

»Ja, ich hatte dann ganz tief drin die Einsicht, daß ich mit meiner Eßsucht alleine nicht klarkomme. Davor hatte ich die Ansicht, daß man, wenn man stark ist, die Eßsucht alleine bewältigen könne. Aber irgendwie war dann das Gefühl da, daß dem nicht so ist. Ähnlich wie die Anonymen Alkoholiker oder die Anonymen Eßsüchtigen, die mit dem Begriff des ›surrender‹ arbeiten, der ›bedingungslosen Kapitulation‹.«

Bei der bedingungslosen Kapitulation gibt ein Süchtiger zu, daß er seiner Krankheit gegenüber machtlos ist. Er übergibt diese Krankheit einer höheren Macht (Gott). Aber nicht nach dem Motto »Der liebe Gott wird es schon richten«, sondern er versucht »jeweils für heute« nicht zu trinken oder zu fressen (drei Mahlzeiten sind natürlich erlaubt) und sein Bestes zu tun, um dies einzuhalten. In der Gruppe hat er dann eine Vertrauensperson, die selbst betroffen war oder ist und die er in Zeiten der Versuchung anrufen kann. Zur Bearbeitung der Sucht innerhalb der Gruppe gibt es ein Zwölf-Schritte-Programm.

Aber lassen wir Tina weiter berichten.

»Ich hatte das Buch von Maja Langsdorff (›Die heimliche Sucht, unheimlich zu essen‹) gelesen. Beim Lesen ist mir immer klarer geworden, daß ich auf diese Weise nicht mehr weitermachen wollte. Ich beschloß, nicht mehr zu kotzen. Man beachte die Ausdrucksweise: Ich beschloß es. Vorher dachte ich nämlich, das Erbrechen sei über mich gekommen. Ich war dabei passiv. Nun aber wollte ich die Verantwortung für mein Erbrechen übernehmen und auch die ›Schuld‹ dafür. Ich wollte kein wehrloses Opfer mehr sein, sondern ich erkannte, daß ich es war, die bewußt zum Klo ging und den Finger in den Hals steckte. Diese Einsicht gab mir viel Kraft. Wenn ich es war, die es tat, dann war auch ich es, die es lassen konnte. ›Jeder Rückfall ist immer noch besser als Erbrechen‹, sagte ich mir dann. Dieser Satz wurde mein Leitfaden, auch in der Therapie, die ich kurz darauf anfing. Zum Glück geriet ich an eine Therapeutin, die sich mit meinem Problem gut auskannte. Zu der Zeit wog ich 83 kg bei einer Körpergröße von 1,76 m. Das war fast mein Höchstgewicht. Nachdem ich aufgehört hatte zu erbrechen, nahm ich zunächst zu. Dann lernte ich in der Therapie, wieder zu essen, wenn ich Hunger hatte. Überhaupt war die Unterscheidung zwischen Hunger und Appetit etwas, das ich ganz neu lernen mußte. Durch das ewige Erbrechen hatte ich hungrig zu sein und satt zu sein völlig verlernt. Da ich sowieso das meiste wieder loswerden konnte, hatte ich oft bis zum Platzen gegessen. Dadurch, daß nun alles drin blieb, mußte ich lernen, mit dem vollen Magen umzugehen. Und einen Magen, der zum Platzen gefüllt ist, hält man nicht gut aus. Also begann ich zwangsläufig weniger zu essen. Und da ich dann ja warten mußte, bis der Magen wieder knurrte, reduzierten sich meine Portionen beträchtlich. Ich nahm im Laufe von vier Jahren elf Kilo ab. Ohne Krampf und ohne groß zu hungern. Es ging von alleine. Wenn auch nicht glatt. Anfangs hatte ich noch Rückfälle, aber sie kamen immer seltener, und ich konnte dabei nicht mehr so große Mengen verschlingen, weil sich mein Magen inzwischen auf Normalportionen eingestellt hatte. Ich spürte dann genau, wenn ich zuviel gegessen hatte. Und dieses Zuviel war schon sehr schnell da.«

Manche Frauen nehmen sehr stark zu, wenn sie nicht mehr erbrechen. Dies macht ihnen meist so viel Panik, daß sie wieder aufs Erbrechen zurückgreifen. Mit sämtlichen Nachteilen wie Elektrolytverlusten, Kopfschmerzen und Schwindelgefühlen, Übelkeit, Haarausfall, Menstruationsstörungen. Andere Nachteile wiegen ebenso schwer: Zeitverlust, Energieverlust, Geldausgaben für die vielen Lebensmittel. Der entscheidende Nachteil ist aber die Tatsache, daß durch den Eß-Erbrech-Kreislauf kein Verhalten gelernt wird, das für die spezielle Situation, mit der die Frau nicht zurechtkommt, geeigneter wäre. Mit der Zeit ergeben sich immer größere Lücken, und die Frau weiß irgendwann gar nicht mehr, wie sie Probleme anders lösen kann, als indem sie sich zurückzieht. Deshalb ist es für eine dauerhafte Lösung des Eß-Brech-Problems unbedingt notwendig, daß bewußter gegessen wird, was aber meist, zumal am Anfang einer Therapie, nicht möglich ist. Das sofortige Einstellen des Erbrechens ist eine knallharte Methode, wirkt aber oft sehr heilsam. Wenn nicht mehr erbrochen wird, bekommt die Frau Angst vor dem Dickwerden und versucht, wenig zu essen. Wenn sie dies einige Zeit durchhält (und wenn es nur wenige Tage sind), stellen sich allmählich wieder ein Hungergefühl und ein Sattheitsgefühl ein. Wenn die Frau lernt, diesen Gefühlen zu vertrauen, und sich dementsprechend ernährt, dann wird sie (wenn sie nicht gerade untergewichtig ist) langsam abnehmen. Aber das radikale Einstellen des Erbrechens bringt ein anderes Problem mit sich. Plötzlich hat die Frau alle jene Zeit zur Verfügung, die sie vorher für Einkaufen, Essen, Erbrechen und das daran anschließende Saubermachen verwenden mußte.

Was tun mit dieser Zeit? Sie muß ausgefüllt werden. Neue Aktivitäten, neue Bekannte, neue Hobbys können gepflegt werden. Man könnte aber auch Bäume ausreißen, Häuser bauen, Examina machen, Beziehungen aufbauen oder sprengen, und, und, und.

Ich frage Tina, was ihr noch geholfen hat, von ihrem Eßproblem loszukommen.

»Eines Tages forderte mich meine Therapeutin auf, mir vorzustellen, auf dem leeren Stuhl neben mir säße meine Sucht. Sie sagte: Schau sie dir an, das ist deine Sucht. Wozu brauchst du deine Sucht? Ich weigerte mich zuerst, sie überhaupt als meine Sucht anzuerkennen. Die Vorstellung, daß sie mich einfach brutal überfiel und ich das arme

Opfer war, gefiel mir viel besser. Schließlich schaute ich sie aber doch an und erkannte, daß es sich bei meiner Sucht um meinen bedürftigen Anteil handelte, den ich zuvor immer auszuklammern bemüht war. War ich bedürftig? Inwiefern? Ich begann mich mit meiner Sucht anzufreunden. Es wurde mir immer klarer, daß mir meine Sucht Freiräume verschaffte: Sie erlaubte mir, mich zurückzuziehen. Sie erlaubte mir, gierig in mich hineinzuschlingen. Sie erlaubte mir, überhaupt Sachen zu essen, die mir mein Kopf nie im Leben erlaubt hätte. Sie erlaubte mir, mich unwohl zu fühlen und nicht funktionieren zu müssen.

Aber sie behinderte mich auch. Sie verhinderte, daß ich meinen Mund aufmachte und meinen Frust hinausschrie. Sie ließ meine Fassade gefällig erscheinen. Sie ließ mich stillhalten. Und sie verhinderte, daß ich selbst in meinem Leben etwas veränderte. Als mir klar wurde, daß ich nicht mehr fressen und kotzen wollte, wurde mir auch klar, daß ich die Funktionen meiner Sucht selbst übernehmen mußte. Und diese Dinge, an denen sie mich hinderte? Ja, da mußte ich zu einer Einsicht kommen, die mir gar nicht schmeckte: Ich mußte unpopuläre Entscheidungen treffen und es aushalten, daß sich meine Umwelt gegen mich stellte. Den Mut hatte ich bisher nicht gehabt, sondern hatte einfach den Leidensdruck mit Essen verdrängt. Ich sah, daß ich in diesem Punkt noch nicht so weit war, und mußte es akzeptieren. Erst jetzt, sechs Jahre danach, treffe ich manche Entscheidung, die damals noch nicht reif war. Zum Beispiel mache ich neben meinem Dienst als Krankenschwester noch eine Ausbildung zur Heilpraktikerin, denn ich möchte mich später einmal selbständig machen. Dann habe ich mir früher immer beziehungsschwache Männer gesucht, darunter zwei Alkoholiker. Ich spielte dabei die Rolle der Mutter und Krankenschwester – auch noch privat.

Gleichberechtigung gab es in diesen Beziehungen jedoch nicht. Probleme löste ich dann, indem ich nachgab und mein eigenes Leben vernachlässigte oder indem ich aus der Beziehung ausbrach. Inzwischen habe ich gelernt, in einer Beziehung mein eigenes Leben und meine Interessen auch aufrechtzuerhalten. Und ich engagiere mich stärker, indem ich nicht mehr abhaue, wenn es schwierig wird, sondern mich mit Problemen auseinandersetze. Mittlerweile kann ich auch besser zwischen meinen Problemen und denen des Partners unterscheiden. Ich kann heute auch Ungeklärtes stehen lassen, und es mir dabei trotzdem gutgehen lassen. Irgendwie bin ich nicht mehr so abhängig davon, daß ›alles in Ordnung‹ ist, sondern kann die Dinge so akzeptieren, wie sie sind. Meine Bereitschaft zu leiden hat rapide abgenommen. Ich mache mich selbst nicht mehr fertig wegen meiner Cellulite, weil ich vielleicht zu große Ohren, eine zu kleine Nase oder sonst etwas habe. Ich denke positiv, versuche Spaß am Leben zu haben, schere mich weniger darum, was andere Leute denken, esse, was mir Spaß macht, habe keinen leeren Kühlschrank mehr zuhause. Und meinen Freund halte ich etwas mehr auf Abstand als meine früheren Freunde. Mein eigenes Leben ist mir so wichtig geworden, mein eigener Bekanntenkreis. Früher habe ich draußen Halt gesucht, heute will ich mich entwickeln. Ich war so lange auf Wartestellung, jetzt will ich endlich leben.«

6. »...du hältst es nicht mehr aus«

Angelika M. meldete sich erst zwei Monate nach Erscheinen der Anzeige. Eigentlich hatte ich gar nicht mehr damit gerechnet, daß sich noch jemand melden würde.

Sie erzählt mir ihre lange Geschichte. Sie war nicht nur eß-brechsüchtig, sondern auch noch alkohol- und appetitzüglerabhängig. Wir reden lange. Oft bin ich sehr ergriffen von dem, was sie erzählt. Angelika ist 32 Jahre alt, Friseurmeisterin, verheiratet und hat zwei Kinder. Sie arbeitet halbtags im Geschäft ihrer Mutter, das aber nur, wenn die Mutter nicht anwesend ist. Angelika hat ihr Leben »eingerichtet« oder besser ausgedrückt, auf sich und ihre Bedürfnisse zugeschnitten. Das war nicht immer so.

»Fünfzehn Jahre lang hatte ich Eßstörungen. In der Pubertät habe ich viel gegessen und wollte dann abnehmen. Mit sechzehn fing ich an, die Pille zu nehmen und gleichzeitig Appetitzügler. Das machte ich vier Jahre lang. Dann hatte ich massive Schlafstörungen. Eine Mittelohrentzündung machte einen Krankenhausaufenthalt notwendig. Im Krankenhaus habe ich tagsüber nichts gegessen, aber nachts kiloweise Äpfel. Ich nahm ab. Zuhause fing ich an, Alkohol zu trinken, und kam davon nicht mehr los. Wenn ich getrunken hatte, ging es mir besser. Ich arbeitete im Geschäft meiner Mutter, die ebenfalls Friseuse ist. Für meine Mutter war und bin ich das Kind. Und so behandelte sie mich auch vor den Kundinnen. Irgendwie konnte ich meinen Frust und meinen Haß auf sie nicht verarbeiten und habe es auch heute noch nicht, nach all den Therapien, die ich hinter mir habe, gelernt. Dann lernte ich meinen Mann kennen, der damals Student war. Heute würde ich sagen, er war ein verwöhntes Nesthäkchen. Ich wurde gleich schwanger – mit 22 Jahren –, obwohl ich mich nicht für ein Kind reif fühlte. Aber es ging mir gut in der Schwangerschaft. Ich wurde dicker und dicker, und es wuchs nicht nur der Bauch. 22 kg nahm ich zu und wog 82 kg, mein Höchstgewicht. Aber ich war eine glückliche Schwangere, ich liebte die Masse, die Körperfülle und hatte das Gefühl, in mir zu ruhen. Das hat mir sonst gefehlt. Hinterher jedoch war ich überfordert. Da ich der Ernährer der Familie war, mußte ich bald wieder arbeiten. Außerdem aß ich ganz wenig und nahm auch tatsächlich meine 22 kg wieder ab, worauf ich sehr stolz war.

Aber drei Monate nach der Geburt des ersten Kindes war ich schon wieder in Umständen. Das war mir zuviel. Zwei winzige Kinder, das Essen und Erbrechen und der Alkohol und dann noch der Friseursalon. Nein, das konnte ich nicht schaffen. Ich ließ abtreiben und habe es nie bereut. Nur erleichtert war ich hinterher. Mit 26 Jahren bekam ich dann mein zweites Kind. Wieder wog ich 82 kg. Nach der Schwangerschaft fing ich wieder massiv an zu erbrechen, trank noch mehr Alkohol und arbeitete wieder unter der Knute meiner Mutter im Friseursalon. Irgendwie war es mir klar, daß das alles zuviel war, aber ich sah keinen Ausweg. Ich fühlte mich wie ein Goldhamster in einem Laufrad, das eine irrsinnige Geschwindigkeit drauf hatte und dabei nicht vom Fleck kam. Ich mußte alles im Griff haben. Auch meinen Mann. Ich wollte ihn ans Haus binden und überwachte jeden seiner Schritte eifersüchtig. Meist war ich schlecht gelaunt oder mit den Nerven fertig, weil ich Freßdruck hatte und mit zwei Kindern nicht so einfach einkaufen konnte. Ich hatte zum Glück mehrere verständnisvolle Freundinnen, die mir oft die Kinder abnahmen, so daß ich ein wenig entlastet war. Aber in dieser Zeit ging ich dann meinen ›Hobbys‹ nach: Essen, Erbrechen, Trinken. Es wurde immer klarer, daß dies kein Leben war. Mit 29 Jahren unternahm ich mit Tabletten einen Selbstmordversuch. Natürlich wurde ich gefunden und war dann reif für eine Therapie. Leider geriet ich an einen Therapeuten, der sich mit meinen Problemen nicht gut auskannte und der mir anstelle von Hilfe ein starkes Beruhigungsmittel verordnete. In der Klinik, in der ich nach dem Selbstmordversuch aufgenommen worden war, aß ich abends viel und erbrach. Wenigstens nur einmal am Tag.

Als ich wieder zuhause war, wurde es schlimmer als zuvor. Ich erbrach sieben bis acht Mal am Tag und vernachlässigte meine Kinder in sträflicher Art und Weise. Wenn ich heute daran denke, läuft es mir eiskalt über den Rükken. Manchmal denke ich, daß ich das nie wiedergutmachen kann. Aber es war halt so, ich kann es nicht mehr ungeschehen machen. Wenn wir in Urlaub fuhren, dann kam meine schlimmste Zeit. Ich mußte heimlich für alle meine Süchte Nachschub mitnehmen: Alkohol, Appetitzügler, Schokolade, Schlaftabletten. Zum Glück ist unser Gepäck an der Grenze nie kontrolliert worden. Mein Mann wußte teilweise von meiner Sucht. Aber ihr volles Ausmaß habe ich natürlich auch vor ihm geheimgehalten.

Bei einem Skiurlaub hatte ich einen Unfall und mußte ins Krankenhaus. Innerhalb von ein paar Tagen hatte ich Entzugserscheinungen vom Alkohol. Ein Psychologe betreute mich, der mich dazu motivieren konnte, mich zu einem stationären Alkoholentzug in ein Psychiatrisches Landeskrankenhaus zu begeben. Dort sollten auch meine Eßprobleme angegangen werden. Erst hatte ich Panik, wie ich wohl meine Kinder unterbringen sollte, denn mein Mann arbeitete inzwischen auch. Aber meine Freundin, der ich inzwischen von meinen Problemen erzählt hatte, fand sich bereit, sie für ein paar Wochen zu nehmen.

Also auf ins Psychiatrische Landeskrankenhaus. Ich durchlebte sechs Wochen stationären Alkoholentzugs. Es war teilweise recht hart, aber ich sah doch wieder neue Ziele für mich. Nüchtern zu sein war unangenehm, aber ich sah dann vieles klarer. Gleichzeitig besuchte ich eine Gruppe für Eßgestörte. Erst jetzt wurde mir klar: Ich konnte überhaupt nicht nein sagen. Dadurch war ich ständig überlastet. Die Kundinnen überforderten mich, da sie ja gewohnt waren, gut bedient zu werden und bei Sonderwünschen immer ein offenes Ohr zu finden. Meine Mutter behandelte mich wie ihren Lakaien, der zu funktionieren hatte. Meine Kinder brauchten mich natürlich. Das alles ging ausschließlich auf meine Kosten. Nur mein Mann ist in der Zeit meiner Dekompensierung immer stärker geworden. Und das hat ihm gutgetan, er ist erwachsener geworden. Ich lernte also in der Gruppe, wie man sich abgrenzt und nein sagt, wenn man etwas nicht will. Ich lernte auch besser für mich zu sorgen. Dazu gehörte, daß ich merkte, wenn ich mir selbst etwas Gutes tat und dann nicht zu fressen brauchte. Und wenn ich nicht fraß, dann brauchte ich auch nicht zu kotzen. Etwas für mich tun – das fing ja schon damit an, daß ich meinen freien Tag auch einhielt und mich nicht doch dazu überreden ließ, der Frau des Pfarrers die Haare zu schneiden. Meine Mutter hätte mich sicher wieder dafür geopfert. In dem kleinen Ort, in dem wir wohnen und in dem jeder jeden kennt, hielt sie derartige Gefälligkeiten für selbstverständlich.

Es ging mir besser. Die körperlichen Symptome wie Schwindel, Kopfschmerzen, Unkonzentriertheit, Schlafstörungen gingen zurück. Ich erholte mich und fühlte mich immer stärker.

Und dann kam der Zeitpunkt, wo ich entlassen werden sollte. Ausgerechnet am Heiligen Abend. Ich ahnte nichts Gutes. Gerade an Weihnachten ist der Erwartungsdruck der Familie ja besonders stark. Und gerade an Weihnachten gibt es besonders Gutes zu essen. Es kam, wie es kommen mußte. Ich hatte den schlimmsten Rückfall, an den ich mich erinnern kann. Ich fraß nur noch, und zwar ununterbrochen von morgens bis abends, und fühlte mich dabei sehr schlecht. Vor allem war ich so naiv gewesen, zu glauben, ich sei gegen Druck von außen durch die Rollenspiele, die wir in der Klinik gemacht hatten, immun. Ich glaubte, ich könne auch draußen nein sagen. Ich konnte es zwar, aber keiner nahm es ernst. Sie kannten mich ja alle als sehr nachgiebig, und deshalb hätte ich viel mehr Kraft gebraucht, als ich hatte. Nach den Feiertagen rief ich die Suchtberatungsstelle an und bekam ganz schnell eine Einzeltherapie. Aber ich fraß und kotzte weiter. Kurze Zeit später wurde ein Platz in einer Gruppe mit Süchtigen frei. Die Therapeutin war knallhart. Sie machte mit mir einen Vertrag, daß ich ab heute nicht mehr erbrechen darf. Einfach so. Von hundert auf null runter. Bei einmaligem Erbrechen würde sie die Therapie abbrechen. Ich war entsetzt und schluckte ein paar Mal. Ich überlegte. Mein erster Gedanke war, abzulehnen. Ich sagte, ich brauche Bedenkzeit, und sie gab mir eine Stunde. Das war eine der härtesten und heilsamsten Stunden meines Lebens. Nach langem Hin und Her entschied ich mich, das Angebot anzunehmen und zu unterschreiben, daß ich von heute an nicht mehr kotzen würde. Ich kam mir vor wie jemand, der eine riesige Zahlungsverpflichtung unterschrieben hatte und noch keine Ahnung hat, wie er ihr nachkommen konnte. Die Therapeutin erlaubte drei Mahlzeiten, möglichst gesunde, mit 2400 Kalorien pro Tag. Und ich nahm mir vor, nur für heute und nicht für alle Zeiten den Vertrag einzuhalten. Und es klappte.

Kurz darauf sah ich im Volkshochschulprogramm den Kurs ›Abnehmen – aber mit Vernunft‹ angeboten und entschloß mich, daran teilzunehmen. Das machte ich parallel zu der Gruppe mit den Süchtigen. Was mir an dem Abnahmekurs nicht gefallen hat war, daß man sich jeden Tag wiegen sollte und daß man im Kurs gewogen wurde. Zu allem Überfluß wurde die Wiegekurve der Gruppe auch noch an die Wand geheftet.

Ich beschloß, mich nicht mehr zu wiegen. Denn egal, wieviel ich wog, es war doch nie wenig genug. Damit setzte ich mich nur unter Druck, und der Druck führte dazu, zu viel zu essen. Was ich im Kurs gut lernte war, wieder Hunger zu empfinden und wieder zu spüren, wenn ich satt war. Parallel dazu lernte ich in der Gruppe der Suchtberatungsstelle Psychodrama. Und wir zeichneten viel. Ich entwickelte allmählich ein gutes Gespür für meine psychischen Zustände und malte diese, anstatt sie mit Essen wegzustopfen. Gekotzt habe ich seither nie wieder. Fürs zuviel Essen bin ich noch anfällig, aber ich gönne mir jetzt bewußt etwas Gutes. Meine Figur ist mir ziemlich egal geworden. Ich wiege so ungefähr 62 kg bei 1,72 m. Damit bin ich zufrieden. Und bei diesem Gewicht kann ich alles essen und beschränke mich nicht. Allerdings will ich auch nicht mehr so viel wie früher.«

»Was hast du denn sonst noch in deinem Leben geändert? Du warst doch früher total überlastet, und heute bist du doch zufrieden.«

Angelika: »Meine Therapeutin sagte mir einmal: ›Es gibt so viele Gründe, alles beim alten zu lassen, doch nur einen einzigen, etwas zu verändern: Du hältst es nicht mehr aus.‹ Dieser Satz traf genau auf mich zu. Ich hielt das alles nicht mehr aus. Aber als ich nicht mehr kotzte, hatte ich auf einmal viel mehr Zeit. Und da ich mehr Zeit hatte, mußte ich aufpassen, daß ich mich nicht gleich wieder mit den Forderungen anderer überstrapazieren ließ. Ich fing also an, mir Freiräume zu schaffen. Mit meiner Mutter überwarf ich mich völlig. Ich drohte ihr, mein eigenes Geschäft zu eröffnen, und erst da war sie bereit, Kompromisse zu machen. Wir einigten uns, daß ich halbtags arbeite, und zwar so, daß ich den Nachmittag für meine Kinder hatte. Und diese freien Nachmittage werden jetzt auch eingehalten, egal wieviel im Salon los ist. Außerdem komme ich nur dann ins Geschäft, wenn meine Mutter nicht da ist. Ich lasse mir nicht mehr gefallen, daß sie mich tyrannisiert, so wie sie es früher immer gemacht hat. Als Kind habe ich den Haushalt gemacht, weil Mutter natürlich im Salon war. Ich war das unbezahlte Dienstmädchen. Aber diese Zeiten sind vorbei, wenn es auch lange gedauert hat, bis meine Mutter das richtig kapiert hat. Aber mittlerweile hat sie es auch akzeptiert. Ich habe mir darüber hinaus einen neuen Bekanntenkreis aufgebaut. Mein Mann und ich machen auch viel zusammen – auch gemeinsam mit diesem Bekanntenkreis. Manche Dinge, wie Sport, macht er auch allein. Auch ich mache vieles allein, wozu ich früher nicht in der Lage war. Ich dachte eher, es sei ein Armutszeugnis, viel Zeit allein zu verbringen, oder ein Zeichen dafür, daß man niemanden gefunden hat, der mitgeht. Heute genieße ich es, etwas allein zu unternehmen. Ich bin auch innerhalb der Friseurinnung sehr aktiv. Trotzdem merke ich immer deutlicher, daß mich der Friseur-Beruf nicht mehr ausfüllt. Am liebsten würde ich etwas Kreativ-Therapeutisches machen, wie zum Beispiel Maltherapie. Es kommt dazu, daß die Kolleginnen in meinem Beruf mir zu oberflächlich sind. Es gibt doch viele, mit denen man nur über Klamotten oder Kochrezepte sprechen kann. Ich habe hingegen eine Art geistigen Hunger entwickelt. Auch mein Mann unterstützt mich in dieser Richtung sehr. Er ist jetzt als Lehrer in der Erwachsenenbildung tätig und findet es gut, wenn ich mich geistig weiterentwickle.«

Ich fragte Angelika, ob sich auch ihr Denken verändert habe, ob sie heute positiver denkt als früher.

»Ganz sicher. Ich versuche mich nicht mehr zu ärgern. Das gelingt mir natürlich nicht immer, aber schon sehr oft. Ich finde es wichtig, daß man sich und die Alltagsprobleme nicht mehr so ernst nimmt. Ich will mich an Kleinem freuen, an schönen Farben, an einem Spaziergang, an Blumen, an einem schönen Essen, an einer netten, anregenden Diskussionsrunde. Das habe ich erst gelernt, als ich geheilt war vom Alkohol und vom Fressen. Ich möchte mal über mich lachen können oder mir bei Mißgeschicken vorstellen, wie lustig sie klingen werden, wenn ich sie in ein paar Tagen meiner Freundin erzähle. Ich glaube, daß man das lernen kann. Man muß immer, wenn man im Begriff ist, sich wieder sehr aufzuregen, kurz innehalten und wie ein Schauspieler einfach eine andere Rolle spielen. Diese Erkenntnis war für mich unglaublich. Aber es funktioniert. Außerdem habe ich heute das Malen als Ausdrucksmittel. Das macht großen Spaß, und ich habe das Gefühl, mich darin richtig ausleben zu können. Außerdem habe ich das Gefühl, daß ich endlich mal etwas nur für mich allein mache.«

»Was möchtest du in deinem Leben noch verbessern, beziehungsweise welche Themen meinst du noch aufarbeiten zu müssen?«

Angelika: »Also die Beziehung zu meiner Mutter möchte ich gerne klären. Wir haben zwar so einen Modus vivendi gefunden, aber im Untergrund schwelt bei mir der blanke Haß. Diesen Haß möchte ich abbauen, weil er mir nicht guttut. Außerdem möchte ich konfliktfähig werden. Das heißt, ich möchte Konflikte mit den Nachbarn oder dem Innungsmeister austragen können und nicht nur alles in mich hineinfressen. Ich habe immer noch große Angst, daß die Beziehungen zu den Nachbarn beispielsweise für immer angeschlagen wären, wenn ich mal richtig meine Meinung sagen würde. Mal sehen, vielleicht bin ich auch dazu eines Tages in der Lage. Ich werde auf jeden Fall an meiner Entwicklung weiterarbeiten.«

An Angelikas Geschichte erkennt man, wie es trotz Höhen und Tiefen kontinuierlich vorwärts geht. Angelika war ganz unten und hat sich das Leben nehmen wollen. Sie hat es schließlich doch geschafft, ihr Leben weitgehend auf ihre eigenen Bedürfnisse zuzuschneiden. Da sich diese Bedürfnisse ändern, muß auch sie bei dieser Aufgabe immer wachsam bleiben. Man hat es also nicht einmal und für immer geschafft, sondern muß immer weiter daran arbeiten. Genau das ist ein Punkt, den viele Eßsüchtige nicht sehen wollen oder können: Nichts geht schlagartig und sofort, sondern alles muß immer wieder und in kleinen Schritten erarbeitet und erstritten werden. Aber – ein kleiner Trost – es geht immer leichter mit zunehmender Übung. Und – es macht stärker. Das ist so, als ob man Muskeln aufbaut.

7. »Fülle an der falschen Stelle«

Maria ist eine ehemalige Betroffene aus meinem weiteren Bekanntenkreis. Ihre Entwicklung habe ich lange Zeit verfolgt. Sie ist 38 Jahre alt und arbeitet als Ingenieurin bei einer großen Elektronikfirma. Lange Zeit arbeitete sie ganztags, was sie sehr belastete, da sie zu wenig Zeit für sich und ihr Leben hatte. Heute arbeitet sie halbtags. Und – sie frißt nicht mehr.

Maria: »Du willst sicher hören, wie bei mir alles angefangen hat. Es ist eine lange Geschichte. So mit vierzehn, fünfzehn wog ich 52 kg bei 1,66 m. Da gerade Twiggy-Figuren ›in‹ waren, fühlte ich mich natürlich zu dick. Also beschloß ich, dünner zu werden. Ich schaffte es, ein paar Kilo loszuwerden, aber irgendwie wog ich nach kurzer Zeit immer wieder 52 kg. Das scheint wohl mein ›individuelles Wohlfühlgewicht‹ zu sein, denn heute wiege ich ohne Mühe wieder 52 kg. Aber das war nicht immer so. Je mehr ich versuchte abzunehmen, um so drängender wurde die Gier zu essen. Zuhause konnte ich mich noch einigermaßen beherrschen. Als ich aber zum Studium in eine fremde Stadt mußte, da ging es erst richtig los. Ich aß vor allem nachts. Tagsüber konnte ich mich zurückhalten, aber gegen drei Uhr wachte ich auf und mußte dann sofort etwas essen. Ehe ich richtig wach war, hatte ich schon eine Riesenportion verdrückt. Eine Zeitlang wohnte ich mit zwei Kommilitoninnen zusammen, und wir hatten eine gemeinsame Küche. Nachts ging ich an deren Schränke und aß von ihren Vorräten. Aber so, daß sie es nicht merken sollten. Zum Beispiel nahm ich bei jeder drei Löffel Haferflocken, ein Stückchen Butter, ein paar Scheiben Wurst, ein paar Löffel Marmelade und von jeder eine Scheibe Brot. Für den Fall, daß mal eine in die Küche gekommen wäre – so hatte ich mir zurechtgelegt –, wäre ich schnell zu meinem Schrank hinübergehuscht und hätte so getan, als hätte ich von meinen Vorräten gegessen. Es war ein richtiger Nervenkitzel, denn es wäre mir sehr peinlich gewesen, dabei erwischt zu werden. Also mußte das Essen schnell gehen, und wenn es schnell gehen muß, dann merkt man auch nicht mehr so richtig, wieviel man schon gegessen hat. Auf jeden Fall wurde ich immer dicker. Das Erbrechen hat bei mir nie geklappt. Ich beneidete die Leute, die das konnten. Aber ich würgte nur, und es kam nichts heraus ... Dann versuchte ich es mit Abführmitteln. Aber ich bekam fürchterliche Darmkrämpfe und brauchte immer mehr Tabletten, um überhaupt noch einen Durchfall auszulösen. Außerdem hatte ich Angst, davon krank zu werden. Also ließ ich es sein. Mein Gewicht stieg und stieg. An Männer traute ich mich schon gar nicht mehr heran. Einen Freund hatte ich noch nie gehabt, und ich hatte Angst vor Sexualität und Beziehungen. So stürzte ich mich in mein Studium, und da hatte ich auch immer genug Ablenkung. Meine Unsicherheiten versuchte ich zu überspielen, ich war der nette, lustige Kumpel. Mehr nicht. Wenn ich heute zurückblicke, dann weiß ich, daß ich in dieser Zeit auch keine Freundinnen hatte. Ich hätte niemand an mich herangelassen. Es war eine einsame Zeit. Auf diese Weise verbrachte ich ungefähr drei Jahre. Dann verliebte ich mich. Und zwar in einen Mann, der sehr gut aussah und der mich – natürlich – keines Blickes würdigte. Ich litt sehr, und ich beschloß, abzunehmen. Irgend jemand gab mir den Tip, ich solle mal zu den Weight Watchers gehen, was ich auch tat. Dort ging es streng zu. Man mußte sich in aller Öffentlichkeit wiegen, was mir widerstrebte. Dann wurde man beklatscht oder auch nicht. Außerdem wurden Diätpläne ausgegeben. Mir war alles recht – Hauptsache, ich wurde dünner. Und tatsächlich: Es war gar nicht so schwer, wie ich befürchtet hatte. Es ging irgendwie von allein. Und dann sah ich meinen Traummann mit einer gertenschlanken Frau auf der Straße. Obwohl ich mir schon gedacht hatte, daß er eine Freundin hat, und eine schlanke dazu, war es doch ein Schock. Von da an aß ich nur noch. Tag und Nacht. Ich wollte nicht mehr denken. Jetzt hatte ich wieder den Beweis, daß ich keinem gut genug war. Ich wollte wieder dicker werden, damit sich keiner mehr an mich herantraute. Das war mir damals schon klar. Nach etwa sechs Wochen kam ich wieder zu mir. Auf die Waage stellte ich mich schon lange nicht mehr. Es war mir ziemlich egal, ob und wieviel ich dicker geworden war. Das war auch nicht so wichtig. Etwas Entscheidendes war passiert. Ich wußte nicht, was es war, aber ich spürte plötzlich eine große Energie in mir. Ich hatte wieder Lust am Leben. Zuerst putzte ich mein Zimmer, dann unternahm ich eine kleine Reise. Irgendwie hatte ich das Gefühl, daß ich das Leben verpaßte, wenn ich nur an der Uni herumhing, irgendwelche technischen Inhalte lernte und ansonsten nur zuhause saß und aß. Auch die Männer interessierten mich wieder, obwohl meine Chancen bei denen gleich Null waren. Aber ich fuhr nach Sylt, einfach aus einer Laune heraus. Es war der Sommer 1976, in dem es so wahnsinnig heiß war, und ich wagte mich zum ersten Mal seit langer Zeit im Badeanzug an den Strand. Ich sagte mir, egal, wie dick du bist, du gehst jetzt an den Strand. Denn wenn du nicht an den Strand gehst, dann frißt du nur im Hotel. Und dafür war mir der Urlaub zu schade. Ich lernte eine junge Frau kennen, die ebenfalls allein da war. Sie war ziemlich unternehmungslustig und wollte, daß ich mit ihr einen Surfkurs machte. Ich zögerte anfangs noch, entschloß mich dann aber doch, mitzumachen. Im Kurs war ich mit Abstand die Dickste und schämte mich wahnsinnig. Wenn die andere Frau mir nicht ständig gut zugeredet hätte, dann wäre ich gleich wieder verschwunden. Und dann die praktischen Übungen. O je, ich fiel so oft ins Wasser, und viele Leute standen am Ufer und schauten zu. Ich merkte, daß ich es nie schaffen würde, auf dem Surfbrett auch nur stehen zu können, wenn ich mich nicht auf die Sache konzentrierte, sondern auf die Leute und darauf, was sie dachten. In diesem Moment entschied ich mich dafür, Surfen zu lernen und mich voll auf die Sache zu konzentrieren. Dies mußte ich aber nun jeden Tag tun, und nach einer Woche merkte ich, daß es mir egal geworden war, was die Leute dachten. Inzwischen ging ich auch mit meiner neuen Freundin – sie hieß Sibylle – abends in die Disco. Zum Tanzen wurde ich nie geholt, was mich wurmte. Aber man konnte auch allein tanzen, und das tat ich ausgiebig. In diesem Urlaub nahm ich dann wie von selbst 5 kg ab.

Als ich wieder nach Hause kam, war ich deutlich selbstsicherer geworden. Ich fing an, meine Rolle als Hansdampf abzulegen, was mir nicht schwerfiel, denn sie war sowieso aufgesetzt. In dieser Zeit dachte ich viel über mich und meine Kindheit nach. Ich las viele Psychologiebücher und führte Tagebuch über meine Schwierigkeiten und meine Gedanken. Und dann las ich in der Uni einen Aushang von einer Anti-Diät-Selbsthilfegruppe, die noch Mitglieder suchte. Dort versuchten wir mit Übungen herauszubekommen, welche Funktionen unser Fett hatte. Mein Fett, das wurde mir schnell klar, brauchte ich, um mir die Männer vom Hals zu halten. Und ich hatte auch einen Verdacht, warum das so sein könnte. Offensichtlich war ich von meinem Onkel als kleines Kind sexuell mißbraucht worden. In einer der Übungen tauchte die längst vergessene Erinnerung wieder auf. Ich weiß nicht mehr, wie alt ich war, aber es war noch vor der Schulzeit. Ich war mit meiner Familie bei meinem Onkel zu Besuch. Der Onkel hatte einen Bauernhof, und ich ging mit ihm in den Stall, um Ferkel anzuschauen. Alle anderen waren im Haus geblieben. Der Onkel hat mir dann die Hose ausgezogen und mich ›untersucht‹. Mir war klar, daß da etwas Unrechtes geschah, und ich wehrte mich und lief ins Haus zurück. Ich muß mich sehr geschämt haben, denn ich erzählte niemandem etwas davon und vermied es später, diesen Onkel zu besuchen. Schließlich habe ich das Erlebnis völlig vergessen. Als es wieder aus der Vergessenheit auftauchte, empfand ich eine ohnmächtige Wut auf den Onkel und gleichzeitig ein großes Schamgefühl. Warum mußte ausgerechnet ich mich schämen, ich war doch nicht der Täter? War ich schon ›schuldig‹ durch die Tatsache, daß ich weiblich bin? Mit meinem Fettpanzer wollte ich meine Weiblichkeit verstecken und ein Neutrum werden. Ich beschloß, eine Psychotherapie zu beginnen. Bei der Studenten-Beratungsstelle bekam ich gleich einen Therapieplatz und eine gute Therapeutin. Wir bearbeiteten nun die Funktionen meines

Dickseins unter dem Blickwinkel des sexuellen Mißbrauchs.

Ich war ja mit 26 Jahren noch sexuell unerfahren, was auch nicht gerade normal ist. Im Verlauf der Therapie nahm ich aber nicht ab, sondern noch sechs Kilo zu. Als meine vorher verdrängten Ängste ans Licht kamen, mußte ich viel essen. Dann fing ich allmählich an, mich so zu akzeptieren, wie ich war. Auch mußte ich mir selbst verzeihen, daß ich ein Opfer geworden war. Daß ich nicht ›schuld‹ daran war, daß dies jeder Frau und jedem Mädchen passieren kann. Und ich sah allmählich ein, daß ich mich mit meinem Fettpanzer zwar an Beziehungen und Sexualität vorbeimogeln, aber nicht richtig eigenverantwortlich handeln konnte. Ich glaubte, wenn ich dick sei, wolle mich niemand und ich wäre geschützt. Aber wenn ich dünn sei, dann wäre ich jedem schutzlos ausgeliefert. In Wirklichkeit liegt die Wahrheit jedoch dazwischen. Ich merkte, daß ich lernen mußte, Männer, die mir nicht genehm waren, verbal und nicht mit meinem Dicksein abzuwehren. Aber das ist noch nicht die ganze Wahrheit, denn ich konnte ja auch keinem weh tun und niemanden zurückweisen. Durch meine passive Abschreckung tat ich nur mir selbst weh, denn auf den Mann, den ich wollte, mußte ich auf diese Weise verzichten. Also mußte ich zuerst lernen, nein zu sagen oder auch Leute abzuweisen. In vielen Rollenspielen ging mir eine Ablehnung immer leichter von den Lippen. Auch draußen in der Realität konnte ich mich immer besser abgrenzen. Immer deutlicher merkte ich, daß ich nicht mehr so viel essen konnte wie früher. Das Essen wirkte nicht mehr so gut als Betäubungsmittel. Und ich fühlte mich immer schneller voll und unwohl. Ab und zu passierte es mir, daß ich mal eine Stunde nicht ans Essen dachte. Das war für mich wie ein Wunder. Im Sommer 1979 kam Sibylle zu Besuch. Wir waren die ganze Zeit in Verbindung geblieben, aber wohnten nun einmal 600 km voneinander entfernt, sonst hätten wir uns schon viel früher und öfter besucht. Als Sibylle da war, fühlte ich mich so richtig mitten im Leben. Wir lebten zwei Monate ganz spontan. In den Semesterferien hatten wir in demselben Lokal einen Job als Kellnerinnen angenommen. Damit uns noch Freizeit blieb, arbeiteten wir nur sechs Stunden am Tag. Wir lernten in dieser Zeit viele Männer kennen und verbrachten die freie Zeit im Schwimmbad und in der Disco. In dieser Zeit habe ich auch zum ersten Mal mit einem Mann geschlafen. Ich war neugierig und wollte wissen, wie das ist. Verliebt war ich nicht, aber der Typ war mir sehr sympathisch. Ich fühlte mich geschmeichelt, daß er eine dicke Frau wie mich wollte. Und es war schön mit ihm, obwohl es bei mir das erste Mal war und zeitweise ziemlich weh tat. Wir hatten keine weitere Beziehung, obwohl wir uns danach noch öfters trafen. Für mich hatte das Ganze einen guten Effekt: Die Sexualität war entmystifiziert. Es war weder schlecht und schmutzig noch etwas Heiliges und Überragendes. Ich hoffte zwar, daß es noch schöner sein würde, wenn man sich länger kennt und liebt, aber fürs erste war ich damit zufrieden, daß ich es einmal ausprobiert hatte. Und damit, daß ich mich auch wieder von dem Mann abgrenzen konnte und durfte.

Da ich nicht mehr auf die Waage stieg, fiel mir ganz allmählich auf, daß meine Klamotten immer weiter wurden. Das war mir angenehm. Essen trat immer mehr in den Hintergrund. Manchmal vergaß ich sogar eine Mahlzeit, holte sie dann aber immer noch fast panisch nach, obwohl ich keinen Hunger hatte. Im darauffolgenden Sommer fing ich an, Tennis zu spielen. Da muß man ja ziemlich viel laufen und rennen. Meine Kondition war nicht die beste, also entschloß ich mich, an der Uni Konditionstraining zu machen und täglich eine halbe Stunde zu joggen. Nun schmolzen meine Pfunde nur so dahin. Und jeder merkte es. Ich stellte mich nach langer Zeit mal wieder auf die Waage: 70 kg.

Das war ein tolles Gefühl! Wie lange hatte ich mir gewünscht, wenigstens auf 70 kg herunterzukommen. Ich fühlte mich gut. Das gab mir Ansporn und Selbstvertrauen, zumal ich es ohne Diät geschafft hatte und keine Angst zu haben brauchte, wieder zuzunehmen, wenn ich normal essen würde. Ich fing dann mit dem Abschlußexamen an. Ein halbes Jahr lang igelte ich mich regelrecht ein und lernte von morgens bis abends. Eines abends kam eine Freundin vorbei und überredete mich, auf einen Uniball mitzugehen. Auf diesem Ball lernte ich einen jungen Mann kennen, in den ich mich sofort verliebte. Und schlagartig war es aus mit meinem Selbstvertrauen und meiner neugewonnenen Sicherheit. Ich war nicht mehr ich selbst. Ich konnte nicht mehr essen, nicht mehr schlafen und nicht mehr konzentriert lernen. Und das machte mir nicht einmal etwas aus. Er schien sich auch in mich verguckt zu haben, denn wenn wir uns begegneten, lächelte er mir zu und schaute immer zu mir her. Wenn ich hinschaute, schaute er etwas verlegen weg. Dieses Spiel zog sich über ein paar Wochen hin. In diesen Wochen hatte ich wieder so manchen Eßanfall, wenn auch nie so intensiv wie früher. Als die Spannung unerträglich wurde, beschloß ich, ihn anzusprechen. Dazu hatte ich auch bald die Gelegenheit bei einer Vollversammlung. Ich setzte mich in seine Nähe und tat ganz gleichgültig. Ich blieb, bis fast niemand mehr da war – und er auch. Dann rückte ich zu ihm hin, aber erst nachdem er mir ermunternd zugelächelt hatte.

Ich fragte ihn, was er zu der Vollversammlung zu sagen hätte und was er von den Themen und Sprechern hielt. Wir redeten, als ob wir uns schon lange kennen würden. Aber ich zitterte innerlich. Draußen fragte er mich, ob ich noch mit ihm und seinen Freunden etwas essen gehen wolle. Ich sagte zu. Im Lokal setzte er sich neben mich Und legte bald seinen Arm um mich. Ich war glücklich. Und stolz, daß ich es geschafft hatte, den ersten Schritt zu tun. Kurz und gut, Kurt, so hieß er, wurde mein Freund. Es begann eine glückliche Zeit. Er war sehr zärtlich und einfühlsam, und ich vergaß bald, daß ich jemals einen Horror vor Sexualität hatte.«

»Wenn man dein Leben als Dicke bis jetzt rückblickend betrachtet, Maria, dann kristallisieren sich mehrere Wendepunkte heraus, an denen du mit deinem Gewicht und deiner Entwicklung weitergekommen bist. Einmal der angehimmelte Mann, den du mit einer schlanken Frau getroffen hast. Dann der Urlaub auf Sylt, in dem du dich neu erfahren hast. Dann der Schock über deinen sexuellen Mißbrauch und dessen Aufarbeitung. Und nun deine glückliche Liebe.«

Maria: »Ja, bei jedem Wendepunkt hat sich mein Eßverhalten stufenweise verändert. Aber nicht nur das: Wenn es zusammenbrach, dann habe ich jedesmal gelernt, es in monatelanger Kleinarbeit wieder aufzurichten. Dadurch, daß ich weiß, wie man aus den Löchern des Selbstzweifels wieder herauskommt, habe ich nicht mehr so viel Angst, hineinzufallen.«

»Das ist sehr mutig von dir. Die meisten Leute versuchen, gar nicht erst ins Loch zu fallen. Aber zurück zu deinem Gewicht. Du wiegst jetzt ungefähr 52 kg. Vorhin haben wir gehört, daß du stolz warst, endlich 70 kg zu wiegen. Wie hast du die restlichen 20 kg verloren?«

»Also, meine sogenannte glückliche Liebe füllte mich sehr aus. Plötzlich merkte ich, daß die Nähe eines anderen Menschen sehr beglückend sein kann. Ich begann mein ›Geheimleben‹ aufzugeben. Ich muß dazu erklären, daß es immer bestimmte Bereiche gegeben hat, von denen ich Männer ferngehalten habe. Zum Beispiel, wenn ich mit Lockenwicklern herumlief, mir eine Gesichtsmaske aufgetragen hatte, oder wenn ich krank oder ungeschminkt war. Dieses Verhalten stammt von meiner Mutter, die mir jahrelang eingebleut hatte, ich dürfe mich immer nur von meiner besten Seite zeigen, besonders den Männern. Wenn man nur immer wüßte, welches die besten Seiten sind!? Kurt durfte allmählich an meinem Geheimleben teilnehmen, und es wurde immer selbstverständlicher, daß er alles, restlos alles, von mir mitbekam. Auch meine Eßanfälle. Ich sagte ihm alles. Er verstand zwar mein Eßverhalten nicht, aber er nahm mich in die Arme und drückte aus, daß er mich auf jeden Fall lieb hatte. Und diese Erfahrung war mir neu. Ich konnte anfangs nicht glauben, daß mich jemand lieben konnte, wenn er mitbekam, daß ich so viel in mich hineinschlinge. Weil ich mich selbst dabei ablehnte, glaubte ich, auch andere würden mich ablehnen. Aber die Eßanfälle wurden ohnehin seltener, weil ich auch gar nicht mehr so viel Zeit zum Essen hatte und ich weniger frustriert war. Ich hatte die Fülle an der falschen Stelle gehabt. Nicht im Leben, sondern auf den Hüften.«

»Und wie ging es bei dir weiter, Maria?«

»Mein Studium war dann zu Ende. Die Prüfungszeit war zum Teil sehr hart gewesen. Ich hatte manchmal wieder Eßanfälle, aber nicht so viele und auch keine starken. Die Luft war irgendwie raus. Dann suchte ich eine Stelle und fand auch bald eine. Aber ich mußte in eine andere Stadt. Eine Wochenendbeziehung mit Kurt stand an. Das haute mich um. Die neue Stadt, meine Isolation, die neue öde Arbeitsstelle und die Tatsache, daß ich niemanden kannte. Ich begann wieder zu essen, zu fressen, besonders abends, wenn ich in meine leere Wohnung zurückkam. Zum Glück fand Kurt hier auch bald eine Stelle, und wir konnten zusammenziehen. Wir heirateten und waren wieder glücklich, und die Eßgier trat wieder in den Hintergrund. Aber meine Arbeit füllte mich nicht aus. Ingenieurwesen an sich und der Arbeitsplatz einer Elektroingenieurin im besonderen sind wahrscheinlich eine trockene Angelegenheit. Ich beschloß, noch etwas Neues zu lernen. Und dann geriet ich in einen neuen Konflikt: Die Berufe, die mir wahrscheinlich Spaß gemacht hätten, waren schlecht bezahlt. Und mein Job, der gut bezahlt war, machte mir keinen Spaß. Ich wagte es, nach monatelangem Hin und Her den Job zu wechseln. Nun bin ich bei einer großen Elektronikfirma beschäftigt, die mir anbot, halbtags zu arbeiten. Natürlich kann man dann nicht Karriere machen, aber das will ich auch nicht. Ich pflege meine Hobbys: Faulenzen, Lesen, Tennis, Surfen, Besuch haben, gute Gespräche. In meinem Haushalt arbeite ich gerne. Irgendwann werde ich mich selbständig machen, aber das muß noch wachsen.

Aber nochmals zurück zu der Frage, wie ich die restlichen 20 kg abgenommen habe. Ehrlich gesagt, weiß ich es selbst nicht so genau. Da ich mich so gut wie nie wiege, habe ich nicht mitverfolgt, wie das Gewicht herunterging.

Ich lebte einfach intensiv, hatte Freude an Hobbys, hatte einen Mann, der mich so akzeptierte, wie ich war und bin. Ich hatte ein befriedigendes Sexualleben und viele nette Freundinnen. Dadurch daß das Leben mehr in den Vordergrund drängte, geriet das Essen mehr in den Hintergrund. Und so wurde ich von allein dünner. Ja, und Sport habe ich auch noch viel gemacht. Das war mir auch sehr wichtig, um meinen Körper besser zu spüren.«

»Was möchtest du sonst noch an dir verbessern, bearbeiten oder verändern, Maria?«

»Geduldiger muß ich noch werden. Ich muß noch vertrauen und abwarten lernen. Mehr Gelassenheit den Dingen gegenüber. Nicht alles mit dem Kopf steuern wollen. Manchmal ist es gut so, wie es kommt, auch wenn es auf den ersten Blick wie eine Katastrophe aussieht. Ein anderer Punkt ist die Frage nach Kindern. Momentan habe ich noch Angst davor. Kurt will aber in den nächsten Jahren Kinder. Das wird noch Konfliktstoff geben. Aber ich will versuchen, es auf mich zukommen zu lassen und mich nicht unter Druck setzen zu lassen. Dieses Thema ist für mich noch ungeklärt, und ich muß noch daran arbeiten.«

8. »Ich bin schon zu Hause«

Ruth schreibt eine Karte. Sie möchte sich von mir interviewen lassen und ihre Geschichte erzählen. Sie ist 38 Jahre alt, Lehrerin in Hamburg und hat, wie sie sagt, »20 Jahre gefressen«.

Ich fragte Ruth, wie bei ihr alles anfing.

»Ja, ich war noch ein dünnes Kind. In der Pubertät aß ich viele Süßigkeiten und nahm zu. Dazu muß man sagen, daß ich die älteste Tochter war und eigentlich ein Junge hätte sein sollen. Mein Vater ist Unternehmer und wollte einen Sohn, der die Firma übernimmt. Er versuchte es noch zweimal, aber bekam ausschließlich Mädchen. Als Kind war ich brav und angepaßt, aber gleichzeitig auch immer das ›schwarze Schaf‹ der Familie. Vielleicht lastete auch die Erwartung, als zukünftige Firmeninhaberin besonders perfekt sein zu müssen, auf mir.

Wie dem auch sei – mit 17 wurde ich auf einmal dünn. Wieso weiß ich bis heute nicht. Da hatte ich plötzlich Chancen bei den Jungs. Ich ging abends weg, und meine Eltern machten ein Riesentheater, wenn ich mal zu lange fort blieb. Meine erwachte Weiblichkeit war ihnen ein Dorn im Auge, so daß sie mich doch lieber wieder plump und kindlich haben wollten. Die Gegensätze wurden immer größer, und ich manövrierte mich immer stärker in eine Anti-Haltung hinein, vor allem gegenüber meiner Mutter. Sie richtete sich in allem nach meinem Vater und hatte kein eigenes Leben, und so wollte ich nie werden. Ich entwickelte eine Abneigung gegen Weiblichkeit, Erotik. Dann machte ich Abitur und wurde Lehrerin. Damals wog ich 50 kg bei 1,70 m Körpergröße. Ich aß gerne Kindersüßigkeiten, das fiel mir damals schon auf. Als ich dann mit 25 als Referendarin aufs Land kam, kam der große Frust. Ich bin eher ein Stadtmensch, und auf dem Dorf langweilte ich mich schnell. Ich bekam Eßanfälle, die sich allerdings noch in Grenzen hielten, das heißt, ich aß mal sechs Stück Torte, aber dann hörte ich wieder auf. Natürlich versuchte ich immer wieder Diäten, die ich aber nie lange durchhielt.

Das Diät-Freß-Karussell drehte sich unaufhaltsam. Zwischendurch bekam ich auch Kaufzwänge. Essen und Kaufen konnten sich abwechseln, manchmal fing ich auch mit dem Kaufen an, und aus Frust, weil ich irgend etwas nicht bekam, fing ich an zu essen. So ging das zwei Jahre. Dann lernte ich meinen zukünftigen Mann kennen. Wir heirateten, bekamen ein Kind. Ich verkaufte mein Auto, gab meinen Wohnsitz auf, gab meinen Job auf. Das alles war auch symbolisch zu verstehen, aber das wurde mir erst später klar. Als unabhängiges Wesen existierte ich nicht mehr, und plötzlich war da gar kein so großer Unterschied mehr zwischen meiner Mutter und mir. Das wollte ich aber nicht wahrhaben. In der Schwangerschaft hatte ich vorübergehend an Gewicht zugenommen, aber als das Baby da war, verschwand das von allein wieder. Bei dem Streß, der mit einem Baby nicht zu vermeiden ist, neigte ich wieder zu Eßanfällen. Ich vermißte meinen Beruf und mein eigenständiges Leben.

Dann bekam ich ein zweites Kind. Wenn ich schon zuhause saß, dann lieber mit zwei Kindern als mit einem. Obwohl darin auch ein Widerspruch lag, denn wenn ich unbedingt wieder hätte arbeiten wollen, dann wäre das mit einem Kind leichter gewesen. Ich nehme an, daß ich wohl auch abhängig und unselbständig sein wollte. Mit dem zweiten Kind hatte ich mich gut eingerichtet. Es lief alles gut, Leere kam infolge der Arbeitsbelastung nie auf. Und dann kam für mich die Katastrophe: Mein Mann ging fremd. Ich wollte, daß er auszog, denn eine solche Kränkung konnte ich nicht ertragen. Mein Mann wollte aber nicht ausziehen. Da begann ich wieder zu fressen und nahm wieder zu. Meine Mutter kümmerte sich nun wieder um mich. Sie dachte wohl, da ich keinen Beschützer mehr hatte, kehrte ich wohl wieder in den Schoß der Familie zurück. Plötzlich war ich auch nicht mehr das schwarze Schaf, sondern diese Rolle wurde meinem Mann zuteil. Wenn meine Mutter mich fragte, ob ich wieder nach Hause kommen wolle, sagte ich: ›Ich bin schon zuhause.‹ Das konnte ich deshalb sagen, weil mein Mann und ich dreieinhalb Jahre lang eine Ehetherapie absolviert hatten. Jeder von uns hatte sich dabei ganz gut entwickelt und war nun auch dazu fähig, Ungereimtheiten in der Beziehung nicht mehr nur unter den Teppich zu kehren, sondern zu benennen und darüber zu sprechen. Und nun kamen eben auch Unvereinbarkeiten und Interessenkollisionen ans Licht. Die Trennung war das letzte Glied in einer langen Kette.«

Ruth wollte nicht im einzelnen auf die Schwierigkeiten ihrer Ehe eingehen. Der Auszug des Mannes wurde zur Zäsur in ihrem Leben. Nun mußte sie sich mit zwei Kindern allein über Wasser halten und mußte zwangsläufig selbständig werden.

Ruth: »Ich verlor wieder ziemlich viel Gewicht, als mein Mann endlich nach einem halben Jahr ausgezogen war. Ich begann eine Ausbildung in Therapie und Beratung, die eine zweijährige Eigentherapie erforderte. Natürlich wurde ich selbständiger, ich mußte mich ja um alles kümmern. Vom täglichen Einkauf bis zur Altersversorgung und von den Hausaufgaben der Kinder bis zur Autoreparatur. Da hat man ja keine Wahl.

Und innerlich habe ich mich natürlich auch verändert. Ich merkte, daß es nicht ausreicht und auch nicht befriedigend ist, wenn ich mich immer nur auf die Gegensätze zu meiner Mutter konzentrierte. Etwas Eigenes mußte ich mir schaffen. Die Ausbildung zur Beratungslehrerin war ein Schritt in diese Richtung. Letztlich haben diese inneren Entwicklungen dazu geführt, daß ich meine Eßanfälle loswurde.«

»Was waren für dich noch wichtige Meilensteine auf diesem Weg?«

Ruth: »In meiner Ehe hatte ich mich und mein Eigenleben ziemlich aufgegeben. In den zwei Jahren seit meiner Trennung habe ich wieder angefangen, etwas für mich allein zu tun. Ich male, schreibe Tagebuch, schreibe meine Träume auf und entschlüssele sie, wie ich es in der Therapie gelernt habe. Und ich male Mandalas, was mir großen Spaß macht. Gemalt habe ich ja schon in der Schulzeit. Damals galt ich als der unpraktische Trampel, was mir doch viel Freiraum einbrachte. Meine Schwester war das Idealkind, lebt so, wie es meiner Mutter vorschwebt, und will die Firma übernehmen. Den Freiraum, den ich als ›schwarzes Schaf‹ bekam – einfach weil ich unbrauchbar war –, nutzte ich, um zu malen. Der Freiraum vergrößerte sich noch, als meine Schwester allmählich das Idealkind wurde – dadurch wurde der Druck auf mich geringer. Ein weiterer wichtiger Punkt in Richtung Gesundheit war die Tatsache, daß ich mich von meinem Mann nicht so schlecht behandeln ließ. Fremdgehen ließ ich einfach nicht zu, dabei hätte ich meine Selbstachtung aufgegeben. Endlich war ich mir selbst einmal so wichtig, daß ich sagte: So nicht. Und danach handelte ich auch, obwohl es mich viel kostete, allein zu leben. Vater und Mutter gleichzeitig sein zu müssen ist ja so anstrengend. Und dann muß es noch der Umwelt und Verwandtschaft mitgeteilt werden. Diese gaben alle ihre Kommentare und Meinungen ab und wußten im nachhinein sowieso alles besser. Das ist wie Spießrutenlaufen. Aber wenn die harte Anfangszeit vorbei ist und der Alltag weitergeht, dann merkt man, daß einem wieder Energie zufließt. Man spart eben doch viel Zeit, wenn da nicht ständig ein Mann ist, der seine Streicheleinheiten oder sein Essen braucht. Da ich mich vollkommen an die Bedürfnisse meines Mannes angepaßt hatte, hatte ich regelrecht vergessen, was ich selbst eigentlich brauchte. Jetzt war die Zeit da, das wiederzuentdecken und das Leben in die eigenen Hände zu nehmen.

Einen weiteren Schritt habe ich vollzogen, als ich aus der Kirche austrat und mir allmählich durch die Beschäftigung mit Theologie und Esoterik ein eigenes Gottesbild erarbeitete. Mein Gott hat mit der Kirche nichts mehr zu tun. Übernommenes hinterfrage ich viel mehr als früher, und es ist so, als ob dabei die ganze Erde umgepflügt würde. Das ist viel Arbeit, aber hinterher weiß ich genau, warum es so ist, wie es ist. Immer frage ich mich: Ist das noch das, was du wirklich willst oder glaubst? Auch wenn es unbequem ist, alles ständig zu hinterfragen, habe ich heute doch einen eigenen Standpunkt. Ich lernte mich selbst immer mehr zu schätzen und spielte mir nicht mehr so viel vor. Ich ging nun auch schon mal ungeschminkt vor das Haus, was bei mir früher undenkbar gewesen wäre. Auch meine Figur – obwohl nicht ideal – kann ich inzwischen akzeptieren. Meinen Hang zum Perfektionismus habe ich erheblich abgebaut und schaffe es inzwischen schon mal, eine Arbeit halbfertig liegenzulassen. Früher habe ich versucht, alles hundertprozentig zu machen, aber das muß nicht mehr sein. Schließlich besuchte ich noch die Selbsthilfegruppe »Anonyme Eßsüchtige«, was mir auch sehr geholfen hat. Man sieht in so einer Gruppe vor allem, daß man mit seinen Problemen nicht allein ist, und lernt, was die anderen so machen, um abstinent zu bleiben. Als Ergänzung zur Therapie war das sehr hilfreich.«

Ich fragte Ruth, ob es psychische Bereiche gäbe, in denen sie noch etwas verbessern oder entwickeln möchte.

Sie sagte: »Ja, ich habe festgestellt, daß ich bei Streß gefährdet bin, wieder zu essen. Mit Streß kann ich nicht umgehen. Zum Beispiel Zeitdruck oder die Vorstellung, daß ich mal wieder Erwartungen erfüllen muß, das ist der Streß, der mich am meisten nervt.«

Ich fragte sie, wie sie normalerweise auf Druck reagiert, ob sie ihm nachzugeben versucht ist, oder ob sie Gegendruck erzeugt, indem sie sich verweigert.

Ruth: »Ich habe da ein seltsames Phänomen beobachtet, über das ich noch mit niemandem gesprochen habe. Der Umgang mit Druck hängt auch mit meinem Verhältnis zu Nähe und zu Distanz zusammen. Ich kann auch mit Nähe nicht umgehen, und ich schütze mich dann durch Unnahbarkeit. Ich bin dann spröde, kühl, fast gleichgültig anderen gegenüber. Aber wenn ich auf irgendeine Weise anderen doch sehr nahe komme – oder besonders extrem, wenn ich mich verliebe –, dann kann ich mich überhaupt nicht mehr abgrenzen. In so einer Situation würde ich dem Druck von der mir nahestehenden Person auf jeden Fall nachgeben. Ich fühle mich manchmal wie ein Stacheltier – durch die Stacheln werden die Leute auf Distanz gehalten, aber wehe, wenn sie es doch schaffen, den Panzer zu durchbrechen. Dann habe ich einen ganz weichen, schutzlosen Kern.«

»Kann es sein, daß du – weil du dich nicht genügend abgrenzen kannst – die Leute lieber ein bißchen zu weit entfernt hältst, damit sie dir nicht gefährlich nahe kommen?«

Ruth: »Ganz sicher. Nur bin ich in beiden Zuständen nicht glücklich. Kann man denn nicht einen nahen und herzlichen Kontakt haben und sich gleichzeitig abgrenzen dürfen und sein eigenes Leben weiterleben dürfen? Muß man sich gleich selbst aufgeben, wenn man zum Beispiel einen Mann nahe an sich heranläßt? Ich mache mir oft Gedanken, wie andere Leute das bewerkstelligen.«

Ein herzliches, nahes Verhältnis zu Menschen und die Fähigkeit, sich gleichzeitig abzugrenzen, hängen mit einem gesunden Selbstwertgefühl zusammen. Ich muß mich selbst annehmen können, so wie ich bin. Dann freue ich mich, wenn der andere mir nahe kommt. Und ich muß ertragen können, daß auch der andere sich abgrenzt und wieder geht. Häufig steckt hinter der Unnahbarkeit anderen gegenüber die Angst, verlassen zu werden oder zumindest enttäuscht zu werden. Erst wenn man nicht mehr so viele Erwartungen an den anderen hat, kann man ihn auch so lassen, wie er ist. Häufig steckt hinter dem Phänomen, das Ruth beschreibt, unbewußt die Einstellung, nur den oder die Richtige an sich heranlassen zu wollen. Und der Richtige, das ist ein Mensch, von dem man nie enttäuscht wird, der einen bestimmt nie verläßt und der einem alle Bedürfnisse erfüllt. Daß es einen solchen Menschen wohl nicht gibt, das ahnt man bereits, denn der hätte dann ja gar kein Eigenleben mehr. Wenn man sich verliebt, entsteht aber neue Hoffnung auf einen solchen Menschen, denn in der ersten Verliebtheit zeigt jeder seine besten Seiten. Man versucht herauszufinden, wie man dem anderen gefallen könnte, und versucht, dem anderen das Gefühl zu geben, jetzt den perfekten Partner gefunden zu haben. Und das macht glücklich. Aber natürlich geht das Stadium der ersten Verliebtheit vorbei, und dann heißt es mit den

Enttäuschungen, die unweigerlich folgen, umzugehen. Wenn man Enttäuschungen vermeiden will, dann bleibt einem nur das, was Ruth getan hat: sich und sein Eigenleben aufzugeben. Eine gesündere Lösung ist sicher, sich auseinanderzusetzen und einzusehen, daß man für sein Wohlergehen weitgehend selbst verantwortlich ist. Man muß versuchen, den anderen so zu lassen, wie er ist – und wird ihn trotzdem lieben. Das aber kann man nicht auf Anhieb sondern muß es meist mühsam in vielen Jahren und Jahrzehnten lernen. Die Voraussetzung dafür, daß man überhaupt etwas lernen kann, ist aber, daß man sich überhaupt auf eine enge Beziehung einläßt. Mit Unnahbarkeit und Zurückhaltung erspart man sich zwar Schmerz, aber auch die Erfahrung des Loslassens und des Reifens. Hier hat Ruth auch noch etwas zu lernen. Wenn man loslassen kann, dann gibt es auch viel weniger Streß. Und mit weniger Streß auch weniger Eßdruck und Eßanfälle.

9. »Esoterik und Vollwertkost«

Rosa kenne ich schon fünf Jahre. Sie ist 41 Jahre alt, hat zwei Kinder und lebt in einer esoterischen Gemeinschaft gemeinsam mit einem Paar und dessen beiden Kindern in einem Haus auf dem Lande. Als ich Rosa kennenlernte, lebte sie mit einem Mann zusammen, der Esoterik ablehnte, was zwischen den beiden ein ständiges Konfliktfeld war. Von ihrem Mann, dem Vater ihrer beiden Töchter, ist sie seit langem geschieden. Rosa und ihre Mitbewohner leben ein einfaches Leben, stellen viele Nahrungsmittel selbst her, beten regelmäßig zusammen, kommen weitgehend ohne die Segnungen der Zivilisation wie Fernseher, Telefon, Elektrogeräte etc. aus. Die Nachbarn stehen ihnen etwas mißtrauisch gegenüber, aber die sieben Personen sind sich weitgehend selbst genug. Rosa lebt von Ersparnissen und etwas Wohngeld. Da sie kaum Ansprüche stellt, braucht sie sehr wenig Geld.

»Rosa, du hast dich bereit erklärt, deine Geschichte zu erzählen. Wie hat bei dir alles angefangen?«

Rosa: »Meine Eltern wiegen beide zwei Zentner. Als ich in der Pubertät etwas zunahm, prophezeite mir mein Vater, daß ich genauso dick würde. Da entdeckte ich das Erbrechen. Richtig dick war ich nie. Da ich allerdings nur 1,55 m groß bin und entsprechend wenig wiegen ›darf‹, ›darf‹ ich natürlich sowieso nur ganz wenig essen. Deshalb saß mir die Angst vor dem Dickwerden immer im Nacken. Die Hauptursache der Spannungen zuhause war seit meiner frühen Kindheit, daß mein Vater bei meiner Geburt mit einem Sohn gerechnet hatte. Sie hatten ja schon ein dreijähriges Mädchen, und wahrscheinlich hat mein Vater es nur noch einmal versucht, um endlich den ersehnten Stammhalter zu haben. Dieser kam allerdings erst zehn Jahre später. Da ich aber ›nur‹ ein Mädchen war, bekam ich keine Anerkennung meines Vaters. Ich glaube, in dieser Zeit habe ich – unbewußt – die Entscheidung getroffen, besonders hilfsbereit, unauffällig und pflegeleicht zu werden. Und so wurde ich dann letztlich für mein harmonisches Wesen, für meine Hilfsbereitschaft und meine Bedürfnislosigkeit geschätzt und anerkannt. Ich fühlte mich in meiner Kindheit durchaus geliebt, aber ich merkte immer, daß irgend etwas fehlt. Mein Selbstwertgefühl war immer sehr gering. Vielleicht habe ich mich deshalb immer an die zweite Stelle gesetzt und den Bedürfnissen anderer Vorrang eingeräumt. Auch in meinen Beziehungen zu Männern spielte mein Bedürfnis zu helfen eine große Rolle. Eigentlich gingen diese Beziehungen stark auf meine Kosten. Zudem hatte ich Minderwertigkeitskomplexe, weil ich keine anspruchsvolle Ausbildung hatte, obwohl es mir nie in den Sinn gekommen wäre, den Anspruch darauf zu erheben. Mit meinem letzten Freund war ich zwei Jahre zusammen, und in dieser Zeit wurde das Gefühl, daß mir diese Beziehung nicht guttat, weil wir so verschieden waren, übermächtig stark. Nun hätte ich, um mein Leben richtig nach meinen eigenen Maßstäben leben zu können, mit ihm Schluß machen müssen. Aber damit hätte ich ihm wehtun müssen, und das konnte ich nicht. Außerdem hätte ich es allen Leuten mitteilen müssen, und meine Umwelt war der Ansicht, daß ich froh sein könne, so einen tollen Mann bekommen zu haben, der mich und meine Kinder gleich bei sich aufnahm. Besonders mein Vater dachte so. Meine Bedürfnisse oder meine Persönlichkeit zählten überhaupt nicht. Als sich die Lage mit meinem Freund zuspitzte, wurde er sehr eifersüchtig, und als ich eines Abends nicht ›rechtzeitig‹ nach Hause kam, hatte er die Tür fest verschlossen und öffnete auch nicht auf mein Klingeln und Rufen. Zum Glück konnte ich bei einer Freundin unterschlüpfen. Dann kam die große Krise. Ich mußte mich von meinem Freund trennen, das war mir nun klargeworden. Erst jetzt in dieser Situation waren richtige Eßanfälle aufgetreten. Ich kannte das zuvor gar nicht, daß ich anfallartig essen mußte, bis ich fast platzte und besinnungslos wurde. Es war eine fürchterliche Zeit. Mein Freund versprach mir, daß er sich ändern wolle und daß er sich sogar auch für Esoterik interessieren wolle, wenn ich nur bliebe. Und ich blieb. Nach drei Monaten der Änderungsversuche war er soweit, daß er sich ebenfalls trennen wollte, und wir trennten uns.«

»Warst du zu diesem Zeitpunkt noch akut eßsüchtig, oder war das Schlimmste schon überwunden?«

Rosa: »Meine Eßstörungen waren bis zu diesem Zeitpunkt nur auf einer eher oberflächlichen Ebene einigermaßen bewältigt.

Um das zu erklären, muß ich etwas weiter ausholen: Eines Tages ließ ich mir bei einem esoterischen Zirkel ein Horoskop erstellen. Es besagte, daß ich zwar gerne etwas sein und darstellen möchte, aber nichts dafür getan habe. Das hat mich wachgerüttelt. Immer nur für andere hatte ich etwas getan. Aber wenn ich nun mit leeren Händen dastand – würden diese anderen mich unterstützen und mir etwas geben? Nein. Ich mußte also selbst etwas tun. Andere konnten mir meine Entwicklung nicht abnehmen. Und ich beschloß den Weg der Spiritualität, der mich schon lange reizte, weiterzugehen. Warum war mein Leben bisher so leidvoll, fragte ich mich. Welchen Sinn hat das? Ich entdeckte, daß das Leid mich stark gemacht hatte. Das Leid regte mich an, nachzudenken, Ursachen und Lösungen zu finden. Meine bisherige Entwicklung verdankte ich dem Leid. Das alles wurde dadurch noch verstärkt, daß ich mir das Leid anderer zu stark zu Herzen nahm, mich gleich schuldig fühlte und meinte, helfen zu müssen. Ich fühlte mich nicht etwa schuldig, weil ich es verursacht hätte, sondern weil es mir besser ging. Es mir gutgehen zu lassen, obwohl es anderen schlechtgeht – das mußte und muß ich erst noch lernen. Nun beobachtete ich mich selbst und nahm allmählich meine Bedürfnisse wahr. Ich versuche, sie nicht mehr zu verdrängen, sondern so gut es ging auszuleben und zu befriedigen. Über mein Eßproblem habe ich mir viele Gedanken gemacht. Ich hatte festgestellt, daß ich besonders in Gesellschaft zu viel aß. Und ich könnte mir vorstellen, daß eine Art »Futterneid« die Ursache war. Wenn schon alle anderen hemmungslos reinhauten und ihren Hunger befriedigten, dann hatte ich keine Lust mehr, hungrig danebenzusitzen und so zu tun, als sei ich immer satt. Und ich hatte auch keine Lust mehr, danach, wenn alle fort waren, in die Küche zu gehen und mich vollzustopfen. Dann erfuhr ich etwas über die ayurvedische Ernährungslehre. Danach gibt es einerseits Nahrungsmittel, die rein, leicht und geistig (sattvisch) machen, andererseits solche, die energiestark sind und Aktivität anregen (rajasisch). Lebensmittel, die träge und unbewußt machen, nennt man tamasisch. Ich möchte durch meine Ernährung von der tamasischen Ebene wegkommen und möglichst geistig werden. Ab und zu will ich noch aktiv sein, aber sicher nicht mehr träge.

Zunächst stellte ich meine Ernährung auf Vollwertkost um. Dabei nahm ich einige Kilo ab und merkte, daß mein Verlangen nach Süßigkeiten geringer wurde. Ich glaube, daß Zucker mich irgendwie süchtig gemacht hat. Durch die indisch-ayurvedische Ernährungslehre wurde mir klar, daß ich durch das Leid zu sehr geistig wurde und durch das Essen wieder erdgebundener und schwerer wurde. Ich hatte ja auch Angst, mich auf die geistigen Bereiche einzulassen. Aber irgendwie spürte ich dann doch, daß das träge machende Essen mir nicht entsprach, und erbrach es wieder. Dadurch wurde ich wieder leichter und geistiger. Aber das Geistige machte mir auch Schuldgefühle, und dann aß ich wieder. So war ich einem ständigen Schwanken zwischen Ego und Geistigkeit unterworfen.«

Diese Theorie war für mich neu, aber ich finde sie sehr interessant. Ich fragte Rosa, wie sie es geschafft hatte, ein Gleichgewicht zwischen den beiden Polen zu finden.

»Es gab mehrere wichtige Punkte. Ein Punkt war, daß ich versuchte, mir selbst nichts mehr übelzunehmen. Auch das Erbrechen nicht. Dann war es natürlich wichtig, das Essen auf Vollwertkost umzustellen. Dadurch mußte ich mich viel mehr mit Essen beschäftigen, aber nicht auf einer zwanghaften Ebene, denn nun hatte ich mich mit der Qualität der Nahrung zu befassen, mit Zubereitungsarten, Gewürzen und der Auswirkung der Nahrung auf den Organismus. Dadurch wurde das Essen plötzlich etwas Gutes, obwohl es vorher ein Feind gewesen war, den es zu meiden galt. Durch die bessere Ernährung und dadurch, daß ich mir auf der Ebene der Nahrungsmittel mal etwas gönnte, ging ich mit mir selbst insgesamt liebevoller um. Ich begann zu meditieren und Yoga zu machen. Dabei hielt ich mich nicht an das sehr verbreitete, körperbezogene Hatha-Yoga, sondern an das geistigere Raja-Yoga. Dann wurde mir von einer Heilerin gesagt, daß ich in einer früheren Inkarnation fast verhungert wäre. Kein Wunder, daß ich heute meinte, es reiche nicht. Ich begann mich und mein Denken durch den Einblick in frühere Leben besser zu verstehen. Alles bekam plötzlich Sinn. Es war auch kein Zufall, daß ich in dieser Inkarnation eine Frau geworden bin. Mann und Frau bilden gemeinsam ein Ganzes. Die Frau verkörpert den materiellen, der Mann den geistigen Aspekt.

Da jeder Mensch androgyn ist, gilt es, den Aspekt des Gegengeschlechtes in sich zu verwirklichen. Früher suchte ich den geistig-intellektuellen Aspekt in den Männern und bei den Männern. Heute habe ich diese Suche aufgegeben und entwickle meine eigene Geistigkeit. Seither merke ich, daß ich kaum noch Nahrung zu mir nehmen muß. Ich komme mit unglaublich wenig aus.«

»Glaubst du, daß es dir noch einmal passieren könnte, daß du einen Eßanfall hast? Inwiefern meinst du, über deine Eßprobleme weggekommen zu sein?«

Rosa: »Ich glaube, das Eßproblem ist keine Frage des Alles oder Nichts. Die Art, wie man mit dem Essen umgeht, durchzieht das ganze Leben: das Gierige, Zwanghafte und das Nicht-genießen-Können. Wenn ich ins Schwimmbad gehe und zwanghaft meine 500 Meter schwimme, dann ist das für mich genauso krankmachend. Ich möchte dahin kommen, so zu schwimmen, wie es mir entspricht, in der jeweiligen Situation und in meiner jeweiligen Form. Vielleicht schwimme ich dann genüßlich langsam nur 200 Meter? Warum soll das weniger wert sein? Dieser gierig-zwanghafte Umgang mit sich und den Dingen ist doch das eigentliche Problem – das süchtige Essen ist nur ein Aspekt davon. Und wenn man es so betrachtet, dann würde ich sagen, ich bin wahrscheinlich nie völlig über dieses Prinzip der Gier hinweg, aber Eßanfälle habe ich nicht mehr.«

»Gibt es noch andere Bereiche, in denen du konkret eine Weiterentwicklung anstrebst?«

»Ja, ich will dahin gelangen, daß ich mich über nichts mehr aufrege und daß ich statt dessen alles als gut annehmen kann. Dazu gehört auch, daß ich sämtliche Erwartungen abbaue. Das klingt vermessen, ich weiß, und ich werde dies auch nie vollständig erreichen. Aber ich strebe es eben an. Manchmal gelingt es mir schon, indem ich mir sage: Es wird schon für irgend etwas gut sein. Und wenn ich mein Leben rückblickend betrachte, dann war auch alles für irgend etwas gut.«

Damit hat Rosa ein wichtiges Thema angesprochen. Die Weisen aller Religionen sagen, daß man sich nicht von seinen Erwartungen dominieren lassen soll, daß man nicht mehr alles mit dem Kopf bestimmen soll, sondern die Dinge nehmen soll, wie sie kommen, um dann das Beste daraus zu machen.

10. »Mit 25 ist Schluß«

Gudrun aus Norddeutschland ruft an. Sie ist Psychologin bei einer großen Behörde, 29 Jahre alt, seit vier Jahren »clean«. Ihre Symptomüberwindung ist äußerst ungewöhnlich – aber sie scheint funktioniert zu haben.

Sie erzählt: »Das mit dem Essen fing bei mir mit 17 Jahren an. Meine Eltern hatten sich getrennt, und ich war der Liebling des Vaters gewesen. Deswegen hackte meine Mutter ständig auf mir herum. Ich habe noch vier Geschwister, die alle viel angepaßter waren als ich. Meine Frechheit brachte meine Mutter oft in Wut, und ich kannte ihre neuralgischen Punkte. Schließlich ließ sie auch den Frust über meinen Vater an mir aus. Mit diesem Streß konnte ich jedoch nicht umgehen und versuchte, mich mit Essen zu beruhigen. Als nächstes bekam ich Schuldgefühle, weil ich so viel aß. Dann erbrach ich, und meine Schuldgefühle wurden noch größer – so ging das zwei Jahre lang. Als ich 19 war, warf mich meine Mutter zuhause raus. Sie hatte dazu einen Anwalt eingeschaltet. Ich zog in eine Wohngemeinschaft, aber auch da hatte ich Schwierigkeiten mit den Leuten. Ich war wohl ein renitenter und kämpferischer Typ. Die Leute aus der Wohngemeinschaft zogen sich von mir immer mehr zurück, was mir sehr zu schaffen machte. Ich aß und aß. Einer Freundin hatte ich von meinem Eßproblem erzählt, und sie gab mir den Rat, in eine Therapie zu gehen. Daraufhin ging ich zweimal wöchentlich in eine analytische Gesprächstherapie, und es änderte sich vieles. Ich lernte vor allem zu reden und nicht mehr alles mit mir selbst abzumachen. Ich wurde offener, konnte mehr Nähe zulassen, konnte auch eher Kritik einstecken, und ich erzählte anderen Leuten mehr von mir, auch wenn ich mir nicht sicher sein konnte, daß die Information nicht gegen mich verwendet werden würde. Insgesamt dauerte die Therapie zweieinhalb Jahre. Dann beendete die Therapeutin die Therapie, und ich mußte die Verantwortung für mich selbst übernehmen. Als erstes überredete ich meine Familie zu einer Familientherapie. Zwei Jahre hatte ich mit meiner Mutter nicht mehr geredet, und nun wurde zum ersten Mal analysiert, was zwischen meiner Mutter, meinen Geschwistern und mir war. Meine Mutter erfuhr hier zum ersten Mal von meinem Eßproblem und litt natürlich unter Schuldgefühlen. Mittlerweile hat sie, glaube ich, akzeptiert, daß sie die Vergangenheit nicht ungeschehen machen kann, sondern nur in der Gegenwart etwas tun kann.

In den beiden Therapien habe ich gelernt, daß man Situationen nicht allein mit dem Kopf steuern kann. Dadurch, daß ich das immer versucht hatte, war ich sehr angespannt gewesen. Es war mir immer wichtig, daß die Dinge so geschahen, wie ich es mir vorgestellt hatte. Heute kann ich alles eher laufen lassen und kann auch aus ungünstigen Situationen noch einen vorteilhaften Aspekt gewinnen.

Nach weiteren zwei Jahren merkte ich, daß sich meine Persönlichkeit verändert hatte. Ich war reifer, und mein Leben war entspannter geworden. Nur mein Eßverhalten war weitgehend dasselbe geblieben. Hatte es sich verselbständigt? An meinem fünfundzwanzigsten Geburtstag beschloß ich, radikal mit dem Essen Schluß zu machen. Ich hatte das Problem bereits acht Jahre und wollte es nicht weiter mit mir herumschleppen. So beschloß ich an diesem Tag, keinen Freßanfall mehr zu bekommen. Irgendwie hatte dieser Entschluß etwas Magisches. Ich wagte bis heute nicht, mein Versprechen zu brechen, und bin seither ›clean‹.«

Diese Geschichte klingt unglaublich. Kann man die Eßanfälle einfach so abstellen? Das ist wohl der Traum einer jeden Eßsüchtigen.

Gudrun: »Es war sicher nicht ›einfach so‹, sonst hätte ich die Eßanfälle schon viel früher abgestellt. Ich glaube, daß durch die Therapien schon so viel in Bewegung gekommen war, daß dieser Entschluß, aufzuhören, praktisch überfällig war und deshalb funktionierte. Ich war oft verdammt nahe am Rückfall, hatte die Süßigkeiten schon im Mund. Aber ich spülte sie wieder aus, wenn mir klar wurde, daß ich damit den Bann brechen würde. Dann wären sämtliche Dämme gebrochen, und ich glaube, dann hätte ich es lange nicht mehr geschafft, aufzuhören. Das ist, wie wenn man das Rauchen aufgibt, je öfter man es tut, desto weniger wirkt es. Wenn man das Rauchen – und vielleicht auch andere Abhängigkeiten – aufgeben will, dann ist es, glaube ich, gut, sich einen festen Zeitpunkt zu setzen, an dem man es aufgeben will. Das Unterbewußtsein arbeitet dann auf diesen Zeitpunkt hin und hilft einem, es zu schaffen. Aber zu diesem beabsichtigten Zeitpunkt muß man dann auch eisern sein. Alles ist erlaubt, nur kein Rückfall. Beim Essen ist es schwieriger, denn man kann nicht wie beim Rauchen oder beim Alkohol nach dem Alles-oder-Nichts-Prinzip vorgehen.«

Man kann also sagen, Gudruns Vorsatz, am 25. Geburtstag das Fressen aufzugeben, war nur das letzte Glied in einer Kette. Die ganze Vorarbeit, die in zwei bis drei Jahren Therapie geleistet worden war, war dazu unbedingt notwendig. Trotzdem ist es ungewöhnlich, daß jemand schlagartig die Eßanfälle einstellt. Oft werden nur neue Eßanfälle durch ein solches Vorhaben ausgelöst. Ich fragte Gudrun, ob sie manchmal die Befürchtung habe, daß sie wieder rückfällig werden könnte.

»Nein, eigentlich nicht. Das mit den Eßanfällen liegt so weit weg. Ich könnte mir eher vorstellen, in einen Kaufrausch oder einen Putzanfall zu geraten als in einen Eßanfall. Schon der Gedanke daran bereitet mir Abscheu. Manchmal esse ich zuviel, wenn es mir gut schmeckt, aber das bezeichne ich nicht als einen Rückfall, weil die typischen Merkmale wie Gier, Verbot, Selbstabwertung und Katerstimmung danach fehlen.«

Ich fragte Gudrun, wo sie bei sich noch Notwendigkeiten sehe, sich zu verändern.

»Ich bin noch zu nervös. Meditieren kann ich zum Beispiel überhaupt nicht, weil ich mich nicht konzentrieren kann. Da möchte ich an mir noch arbeiten.«

Warum ist Gudrun so nervös? Hinter Nervosität steht oft eine Angst, daß die Dinge nicht so laufen könnten, wie man sie sich vorgestellt hat. Also wäre mehr Gelassenheit auch für Gudrun ein Gebot. Auf der anderen Seite haben

Gudruns ungeheure Willenskraft und ihre Ausdauer dazu geführt, daß sie die Freßanfälle aufgeben konnte. Vielleicht braucht man beides: Gelassenheit und straffe Führung.

Viele Leute mit Eßstörungen glauben, daß sie nur die Ursachen herausfinden müssen, und schon verschwinden die Eßanfälle. Andere wiederum meinen, mit eiserner Selbstdisziplin ließen sich die Eßprobleme lösen. Sowohl die Ursachenerkennung als auch die bewußte Veränderung reichen für sich allein nicht aus, um Eßstörungen zu beseitigen. Beides ist aber unerläßlich in der Therapie. Die Ursachen müssen herausgefunden werden und müssen nochmals »gefühlt« werden. Meist bestehen sie aus nicht verarbeiteter Wut, Ohnmacht, Angst, Scham und Schuldgefühlen. Und mit diesem Wissen – ich meine nicht nur das Wissen des Kopfes, sondern auch das Wissen aus dem Bauch – werden dann neue Verhaltensweisen und Reaktionsformen eingeübt, die anstelle der Eßanfälle stehen. Das Wort »einüben« sagt schon, daß dazu Zeit und Geduld gebraucht wird.

Wenn Eßanfälle plötzlich verschwinden, ohne daß sich auch sonst etwas im Leben der Betroffenen verändert hat, dann stellt man bei genauerem Hinsehen fast immer fest, daß sie statt dessen eine andere Sucht haben: vielleicht Alkohol, Tabletten, Rauchen, Kaufen, Stehlen. Meist handelt es sich um Handlungen, bei denen es um das »Bekommen«, »Einverleiben« und das »Behalten« geht.

Die Betroffene braucht etwas, weil sie Hunger hat, denn sie ist nicht satt geworden. Aber was braucht sie wirklich?

11. »Hauptsache, die anderen sind zufrieden«

Christin lebt mit Mann und zwei Kindern in einem idyllischen Haus in einem großstädtischen Vorort. Sie lädt mich ein, sie zu besuchen. Es ist schönes Frühlingswetter, wir sitzen im Garten und essen Käsekuchen. Unsere Kinder spielen zusammen und lassen uns ab und zu mal fünf Minuten in Ruhe. In der Zeit versuchen wir, uns auf das Interview zu konzentrieren.

Christin ist 32 Jahre alt, gelernte Bankkauffrau. Zur Zeit ist sie Hausfrau und Mutter, die allmählich wieder etwas »mehr Freizeit hat«.

Christin: »Bei mir hat alles 1975 angefangen. Ich wog 65 kg bei einer Größe von 1,75 m. Meinen Job als Banklehrling haßte ich. Ich hatte einfach keinen Bezug zu Geld und Zinsen. Und meine langweilige Beziehung zu einem gleichaltrigen Jungen wurde auch von Tag zu Tag öder. Eigentlich hatten wir uns nichts zu sagen. Ich fühlte mich zu dick. Wie viele andere Frauen in dieser Situation probierte auch ich viele Diäten aus. Ich nahm ab und wieder zu. Und ich beschäftigte mich fast den ganzen Tag mit dem Essen. Das Essen und die Beschäftigung damit gab meinem Tag Halt, Struktur und Fülle, und mit der Zeit nahmen die Eßanfälle überhand. Dann, kurz vor der Prüfung, entdeckte ich das Erbrechen. Ich hatte zuviel Bananenmilch getrunken und erbrach spontan. Danach erbrach ich immer mit Bananenmilch. Meine Eß-Brech-Attacken steigerten sich mit der Zeit auf 15 bis 20 pro Tag. Heute frage ich mich, woher ich die viele Zeit nahm, die das kostete. Und ich nahm ab. Bei 52 kg fühlte ich mich dünn, aber ich mußte feststellen, daß mein Leben nicht viel ›runder‹ wurde. Also konnte mein angebliches Fett nicht schuld daran sein, daß mein Leben so leer und hohl war. Ich beendete die Beziehung zu meinem Freund und lernte bald darauf meinen Traummann kennen. Er war und ist 13 Jahre älter als ich, beruflich erfolgreich und hat ein eigenes Haus. Zu ihm konnte ich endlich in jeder Hinsicht ›aufschauen‹. Daß ich mich mit diesem Aufschauen kleiner machte – auf diese Idee kam ich damals nicht. Was Hans, mein späterer Mann, sagte, war für mich die absolute Wahrheit, und ich bemühte mich ständig, ihm zu gefallen und es ihm recht zu machen. Natürlich war er in gewisser Weise eine Vaterfigur für mich. Dazu muß ich noch sagen, daß mein Vater ein cholerischer und herrischer Mann ist, der immer meine Schwester vorgezogen hat. Ihm konnte ich es eigentlich nicht recht machen, er hat mich gar nicht richtig beachtet. Und nun beachtete mich so ein toller Mann. Mußte ich nicht stolz sein darauf? Ich hatte auch die Befürchtung, daß ich mein Glück wieder verlieren könnte. Auch zu dieser Zeit hatte ich kein richtiges Eigenleben. Mein Wunsch, alles recht zu machen und gefallen zu wollen, hat mich beherrscht.

Dann wurde ich schwanger. In der Schwangerschaft schaffte ich es, für sechs Monate nicht zu erbrechen, weil ich befürchtete, es könnte dem Kind schaden. Kaum war das Kind geboren, aß ich wieder und erbrach. Natürlich nicht mehr zwanzigmal am Tag, aber immer noch einige Male oder wenigstens einmal am Tag. Mit meiner Figur war ich nach der Entbindung schnell wieder zufrieden. Ich war ja nie dick gewesen, sondern lehnte mich lediglich aus Prinzip ab. Aber nachdem ich das Erbrechen entdeckt hatte, war ich schlank und fand mich ganz o.k. Bald wurde ich wieder schwanger. Während der zweiten Schwangerschaft machte ich keine Pause wie in der ersten, aber ich erbrach nur noch ein- oder zweimal am Tag. Als das Kind da war, stand ich total im Streß. Das Essen und Erbrechen ging rapide zurück, einfach weil ich nicht mehr so viel freie Zeit hatte.

Damals wohnten wir schon im Haus meines Mannes. Hier hatte er mit seiner ersten Frau gewohnt, und diese Frau hatte es auch eingerichtet. Fast alles stand unverändert an seinem Platz, und ich akzeptierte es. Noch betete ich meinen Mann an, und noch war mir sein Wohlwollen das Wichtigste auf der Welt.

Was meine Sucht betraf, so war ich sicher, daß ich der

einzige Mensch auf der Welt war, der so etwas Perverses tat. Die Scham über mein Tun hat mein Selbstwertgefühl immens geschwächt. Und dann kam die Wende.

Mir fiel das Buch von Maja Langsdorff ›Die heimliche Lust, unheimlich zu essen‹ in die Hände. Es war wie eine Offenbarung. Endlich wußte ich, daß ich krank war und daß diese Krankheit einen Namen hat: Bulimie. Das machte mich sehr betroffen, und ich ›beichtete‹ alles meinem Mann. Er war sehr verständnisvoll und reagierte lieb und fürsorglich. Wir beschlossen, daß ich zum Arzt gehen sollte. Die Tatsache, daß ich es wagte, einem anderen Menschen die ungeschminkte Wahrheit zu sagen und mein heimliches Leben offenzulegen, brachte bei mir viel in Bewegung. Ich hatte nun offen zugegeben, daß ich mit diesem Problem nicht allein fertig wurde, hatte mich schwach gezeigt und merkte, daß ich wider Erwarten nicht verachtet wurde. Überhaupt war ich ja jemand, der alles, wovon er auch nur im entferntesten annahm, daß es mißbilligt werden könnte, heimlich tat. Um jeden Preis wollte ich nach außen gut dastehen. Das ist auch heute noch mein Problem. Ich habe große Angst, etwas zu tun, was von anderen abgelehnt wird. Allerdings ist die Angst heute wesentlich weniger stark als zu den Zeiten, als ich meinen Mann in mein Geheimnis einweihte.

Ich ging also zum Arzt und hatte das Glück, daß mein Arzt zumindest oberflächlich wußte, worum es sich bei meiner Eßsucht handelte. Er verschrieb mir eine Psychotherapie. Gleichzeitig ging ich zu den OA (Overeaters Anonymous). Ich besuchte Selbsthilfegruppen, machte Psychodrama und bin nun seit September 1987 in Psychoanalyse. Diese Therapien blieben nicht ohne Folgen. Ich wurde selbstbewußter. Immer stärker merkte ich, daß nicht mein Mann mich klein machte, sondern daß ich dies schon selbst besorgte.

Ich wollte es ihm immer recht machen, meine einzige Sorge war, ihm zu gefallen. So hatte ich keine eigene Meinung, denn ich paßte mich ihm an und stellte seine

Ansichten über meine. Zu meinen Problemen und meinem heimlichen Leben stand ich nicht.

Es galt, etwas zu verändern. Ich ließ mir ein Horoskop stellen und merkte, wie Astrologie mich zu faszinieren begann. Immer mehr begann ich, mich mit Astrologie zu beschäftigen, besuchte Kurse, las viel. Endlich hatte ich etwas gefunden, wofür ich mich engagieren wollte. Etwas, das zu meinem eigenen Leben wurde. Etwas, das keiner aus meiner Familie besser konnte als ich. Die Astrologie wurde immer mehr zu meinem Lebensinhalt. Abends, wenn die Kinder im Bett waren, setzte ich mich gleich an meine Horoskope und an meine Bücher. Momentan absolviere ich eine Ausbildung in Astrologie. In den Kursen habe ich viel über die menschliche Psyche und damit auch über mich gelernt. Und dann passierte es, daß ich mich immer wieder in verschiedene Männer verliebte. Dieses Verliebtsein hat mit dem Verhältnis zu meinem Mann nur insofern zu tun, als es mich stärker machte in der Beziehung zu ihm. Ich sah ihn nicht mehr als den Größten an, sondern wagte allmählich auch, ihn zu kritisieren und meine eigenen Vorstellungen durchzusetzen. Nie hätte ich meine Ehe aufs Spiel gesetzt, im Gegenteil wurde diese immer partnerschaftlicher. Mein Mann begrüßte es, daß ich selbständiger und von ihm unabhängiger wurde. Er versorgt die Kinder und erledigt die Hausarbeit, wenn ich zu meinen Astrologiekursen gehe. Er unterhält sich auch mit mir über Astrologie, und ich bin für ihn geistig eine ernstzunehmende Partnerin. Seit den Zeiten der Therapien sind meine Eßanfälle ganz verschwunden. Zuerst verbot ich mir das Erbrechen, denn solange ich erbreche, habe ich keine Motivation, bewußt zu essen und herauszufinden, wann ich satt bin. Man muß Verantwortung für sein Eßverhalten übernehmen und es notfalls auch ertragen, wenn man dicker wird. Nur dann tut man wirklich etwas. Als ich nach und nach weniger und seltener erbrach, fing ich an, bewußter zu essen. Ich wurde in jeder Hinsicht offener. Ich aß weniger heimlich und immer mehr öffentlich und wählte gesündere Lebensmittel. Zunächst in den Therapiegruppen, später auch außerhalb der Gruppen, wagte ich zu meinen Problemen zu stehen. Ich zeigte immer mehr Schwächen und gestand mir allmählich zu, auch mal Fehler zu machen, wo ich zuvor immer perfekt sein wollte. Der Druck, unter den ich mich gesetzt hatte, führte zu den Eßanfällen. Mittlerweile merkte ich selbst schon, wenn ich mich wieder verstellte oder mich anpaßte. Besonders meine Schwiegermutter übte früher großen Druck auf mich aus, denn sie verkörperte die Rolle der ›guten Hausfrau‹, und sie kontrollierte mich. Irgendwann hatte ich plötzlich genug und machte einmal meinem Unmut lautstark Luft. Sie besuchte uns dann ein halbes Jahr nicht mehr, und ich fand das toll. Seither ist sie viel vorsichtiger mit ihrer Kritik und hat mehr Respekt vor mir als früher.

Als nächstes begann ich meinen eigenen Stil zu entdecken. Das Haus mit seinen übernommenen Möbeln gefiel mir in einigen Bereichen nicht mehr. Die große Eichenschrankwand paßte nicht zu mir, und das spürte ich immer deutlicher. Zum Glück konnte ich meinen Mann dazu überreden, sie zu verkaufen. Dann wollte ich das ganze Haus moderner und heller haben. Die Farben Weiß und Violett entsprachen meinem emotionalen Zustand. Es kamen Handwerker und strichen alle Wände weiß. Lila Sessel wurden angeschafft. Eine Wand wurde durchgebrochen, und Fenster wurden eingesetzt, wo vorher keine waren. Es ging mir dabei immer besser. Auch der Garten wurde umgestaltet. Berberitzen und anderes Stachelgewächs wurde rigoros aus dem Garten entfernt, und ich bepflanzte alles mit Bambus. Manches mußte ich bei meinem Mann erkämpfen, denn er war nicht mit allem gleich einverstanden. Dann machten wir Kompromisse. Aber bei diesen Kompromissen waren wir endlich einigermaßen gleichwertige Partner. Außerdem lernte ich immer besser zu kämpfen. Ich nahm nicht mehr alles einfach hin, und mein Harmoniebedürfnis, das früher sehr groß war, rückte immer mehr in den Hintergrund. Ich hatte erkannt, daß diese Harmonie häufig auf meine Kosten ging, weil ich den Unmut im wahrsten Sinne des Wortes ›hinunterschluckte‹.

Und nun lerne ich, das immer weniger zu tun. Dabei kommt natürlich meine Angst vor Mißfallen und Mißbilligung wieder hoch, aber ich lerne, sie auszuhalten, auch wenn das viel Übung kostet.«

Christin schildert ihren Weg aus der Eßsucht als langen, vielleicht niemals abgeschlossenen Lern- und Entwicklungsprozeß. Sie nimmt die Anforderungen, die ihre Ängste an sie stellen, ernst, und das wird ihr den richtigen Weg weisen.

Christin: »Ja, ich glaube, das ist sehr wichtig, daß man seine Ängste auszuhalten versucht. Es ist allerdings auch sehr, sehr schwer. Zum Beispiel leide ich an Höhenangst. Meine Schwester hat eine Wohnung im zehnten Stockwerk, und immer wenn sie in Urlaub ist und ich die Blumen gieße, dann stelle ich mich absichtlich auf den Balkon und schaue hinunter. Es hat länger gedauert, bis ich mich überhaupt bis ans Geländer wagte. Dann habe ich immer länger hinuntergeschaut. Heute macht es mir zwar noch etwas aus, wenn ich hinunterschaue, aber ich kann es längere Zeit aushalten, ohne in Panik zu geraten. Und so ist es mit allen Ängsten. Meine Angst, allein in eine fremde Stadt zu fahren, versuche ich zu überwinden, indem ich bewußt und geplant ohne Begleitung zu meinen ›Astrologiekursen‹ reise. Neulich habe ich auch mal spontan in einer kleinen Pension dort übernachtet. Aber das hat mir nicht gut getan, denn ich fühlte mich unwohl. Erst als ich am nächsten Morgen die Pension wieder verließ, war ich stolz auf meine Leistung. Dieser Weg ist hart, aber wirkungsvoll.«

Man könnte also sagen, die Hauptentwicklung bei Christin verlief vom abhängigen, kleinen, anpassungsbereiten Mädchen zur unabhängigen, eigenständigen Frau. Nun ist sie aber als Hausfrau und Mutter von zwei kleinen Kindern doch sehr von ihrem Mann abhängig – finanziell zumindest. Wie kommt sie damit zurecht?

Christin: »Eigentlich allmählich überhaupt nicht mehr. Ich bin da in einem Zwiespalt: Einerseits möchte ich unabhängig sein, andererseits möchte ich in meinen alten Beruf als Bankkauffrau nicht zurückgehen. Ich denke zur Zeit an eine Chance als astrologische Beraterin. Ob das so klappt, wie ich es mir wünsche, weiß ich natürlich nicht, denn Astrologie ist ja nicht so anerkannt wie zum Beispiel Psychologie. Ob man von der Privatkundschaft leben könnte, weiß ich nicht. Aber vielleicht studiere ich auch noch etwas anderes, mal sehen. Auf jeden Fall möchte ich finanziell auf eigene Beine kommen, auch wenn ich davon nicht hundertprozentig Gebrauch machen muß.

Es reicht mir eigentlich schon, zu wissen, daß ich mich im Notfall selbst ernähren könnte. Wirklich viel wichtiger ist, daß ich von meiner ganzer Art, Beziehungen zu Männern zu gestalten, wegkomme. Das heißt, daß ich Männer nicht mehr nur bewundern oder sie auffressen will, sondern sie als gleichwertige Partner zu akzeptieren versuche. Und vor allem will ich mich selbst als gleichwertigen Partner akzeptieren. Dann ist es auch nicht mehr so wichtig, ob ich nun genausoviel verdiene wie der Mann. Dann könnte ich, glaube ich, auch wieder finanziell abhängig sein, weil ich das Geld nicht nur als seines ansehen würde, sondern als Geld der Familie, das ich mit meiner Tätigkeit als Hausfrau mitverdient habe. Aber so weit bin ich noch nicht. Mein Mann ist sehr großzügig und verdient auch sehr gut, so daß ich keinerlei Einschränkungen in finanzieller Hinsicht hinnehmen muß. Und dennoch ...

Was mir gut getan hat war, daß ich mir allmählich ein eigenes Leben aufgebaut habe. Ich habe einen eigenen Bekanntenkreis, der sich mit unserem gemeinsamen Bekanntenkreis nicht überschneidet. In diesem neuen Bekanntenkreis kann ich ganz offen sein und meine Schwierigkeiten und Probleme zeigen und darüber reden. Das konnte ich lange Zeit überhaupt nicht. Ich machte alles mit mir selbst ab und versuchte, keine ›Schwäche‹ zu zeigen und cool und stark zu sein. Aber dann brauchte ich jedesmal einen Eßanfall, um mich hinterher abzureagieren. Und danach mußte ich erbrechen, um den Folgen des Fressens zu entgehen. Das muß ich mir nun nicht mehr antun.«

Dadurch, daß Christin nicht mehr ißt und erbricht, hat sie eine Menge Zeit gewonnen. Und ich denke, die braucht sie auch dringend bei Haushalt, zwei Kindern, Haus und Garten, Astrologie und Psychoanalyse. Ihre Entwicklung hat es ihr ermöglicht, in jeder Hinsicht mehr zu machen. Hat ihre Entwicklung auch Einfluß darauf gehabt, wie sie die Dinge anpackt?

Christin überlegt: »Ja, sie hat auch auf die Art und Weise, wie ich an die Sachen herangehe, einen Einfluß gehabt. Allerdings sind hier die Signale viel subtiler. Zum Beispiel habe ich ja schon gesagt, daß ich große Ängste habe, allein mit dem Auto in eine fremde Stadt zu fahren. Früher hätte ich das ganz vermieden oder wäre mit anderen Leuten gefahren. Wäre dies nicht möglich gewesen, dann hätte ich meinen Mann gebeten, mich zu fahren. Das wäre meine ›Problemlösung‹ gewesen. Heute kaufe ich mir von der unbekannten Stadt einen Stadtplan, schaue mir auf der Straßenkarte an, welche Autobahn ich nehmen muß, habe mir einen Kompaß ins Auto gelegt, und dann sage ich mir, daß ich das ganz klar schaffen werde. Und dann fahre ich los. Ich glaube, Vermeiden ist das Schlimmste. Da traut man sich irgendwann gar nichts mehr zu. Die Art, wie ich mit meinen Ängsten umgehe, ist sicherlich das deutlichste Anzeichen dafür, daß sich auch qualitativ etwas verändert hat. Ein weiterer Hinweis für meine Veränderung ist, daß ich mit vielen Dingen spielerischer umgehe. Ich versuche nicht mehr so vieles vom Kopf her zu planen, sondern lasse alles mehr auf mich zukommen. Meine esoterisch-astrologische Sichtweise hat mich gelehrt, daß alles, was einem zustößt, sinnvoll ist. Daß einem nichts durch Zufall passiert. Und ich versuche jetzt eher, dahinterzukommen, warum ich bestimmte Ereignisse gerade jetzt ›brauche‹. Meine großen Entwicklungsschübe verdanke ich ja auch meiner Krankheit (Bulimie) und meinen immer beschäftigten Männern, die nie genug Zeit für mich hatten. Dadurch hatte ich genug Zeit für mich selbst. Und da ich nicht viel mit mir anzufangen wußte, stopfte ich mich mit Essen voll. Als das nicht mehr half, mußte ich lernen, wer ich eigentlich bin und was ich eigentlich will. Dadurch habe ich mich entwickelt. Jedes Ereignis hat ja auch positive Seiten –

man muß aber lernen, sie zu sehen. Dazu gehört auch, daß man mit sich selbst gut umgeht. Vorwürfe sollte man sich sowieso nicht machen, denn sie verändern überhaupt nichts. Man sollte herausfinden, warum man bestimmte Dinge so und so gemacht hat. Zu lernen, sich selbst zu verstehen, ist viel besser als mit sich zu hadern. Und wenn man etwas verändert, dann muß man sich selbst gut zureden und sich ermutigen. Kritik haben wir alle als Kinder mitbekommen. Und die Angst vor Kritik läßt in uns die Angst entstehen, Fehler zu machen. Und wenn man Angst hat, Fehler zu machen, dann kann man nicht entspannt an die Sache herangehen. Ich versuche, das alles lockerer zu sehen als früher, als ich noch ›perfekt‹ sein wollte. Ich muß allerdings noch besser lernen, mit Ablehnung umzugehen. Noch immer versetzt es mir einen Stich, wenn ich etwas Unkonventionelles mache und die Schwiegermutter oder die Nachbarn dann abfällig über mich reden. Da habe ich noch zu lernen. Aber anpassen möchte ich mich nicht mehr als unbedingt nötig.«

Christin spricht etwas aus, was den meisten Frauen mit (und ohne) Eßstörungen bekannt vorkommt: die Angst vor Kritik. Wir alle wollten brave Mädchen sein – oder wir wollten rebellieren und machten immer alles anders. Damit waren wir genauso berechenbar und manipulierbar. Aber was wollten wir eigentlich wirklich?

Natürlich wollten wir alle Liebe, Verständnis, Zuwendung und Geborgenheit. Aber wir wollten noch vieles mehr: Freiheit, Abenteuer, Ruhe, Zeit. Bekommt ein Kind von diesen Bedürfnissen zu wenige erfüllt, so ist es später eingeschränkt in seiner Fähigkeit, Dinge zu genießen. Es wird sich nicht ausruhen können, hat Angst vor Neuem und ein schlechtes Gewissen, wenn es »unvernünftige« oder »nutzlose« Dinge tut wie Musik machen oder Malen. Das Verbotsschild aus der Kindheit hängt dann sein ganzes leben über ihm. Mühsam muß es sich allmählich für all diese ehemals verbotenen Dinge selbst wieder die Erlaubnis geben, sie zu tun. Nicht genug: Es muß auch lernen, die Kritik auszuhalten, die vielleicht folgt. Das kann einen lange Zeit beschäftigen.

12. »Kopf und Bauch zusammenbringen«

Adele schreibt mir einen Brief, lange nachdem die Interviews eigentlich schon abgeschlossen waren. Sie hat mein Buch »Eßsucht – oder die Scheu vor dem Leben« gelesen, und das hat sie betroffen gemacht: »Ihr Buch zu lesen war für mich wie ein Ankommen, Nachhausekommen ... Es wurde manches nochmals auf den Punkt gebracht. Es hat weh getan.« Adeles letzter Eßanfall liegt knapp zwei Jahre zurück, und sie schreibt, daß sich vieles verändert habe in den eindreiviertel Jahren, seit sie eine Verhaltenstherapie mache. Und weiter: »Es ist mir manchmal, als wäre da ein Ich unter manchem Schutt begraben, und dieses Ich ist stark, weiblich, verführerisch und stellt sich Widersachern. Denn ich laufe noch oft davon, verwirrt, traurig und ängstlich, daß das schon alles sein könnte, daß das mein Leben sein soll.« Adele macht mich neugierig. Wie hat sie es geschafft, von ihren Eßzwängen loszukommen? Ich schrieb ihr einen Brief zurück, ob sie bereit wäre, sich von mir über ihren Weg aus der Sucht interviewen zu lassen. Sie war bereit. Schon ein paar Tage später rief sie mich an, und wir vereinbarten einen Termin, und sie kam. Groß, dunkelhaarig mit großen blauen Augen. Sie brachte ihren knapp zweijährigen Sohn mit.

Zunächst faßte Adele ihre momentane Lebenssituation zusammen:

»Ich bin 25 Jahre alt, unverheiratet, Krankenschwester von Beruf und lebe mit dem Vater meines Sohnes zusammen. Drei Jahre möchte ich für mein Kind zuhause bleiben und lebe momentan von der Sozialhilfe.«

Ich frage sie nach ihrer Herkunftsfamilie und bin erschüttert, als ich höre, daß ihre Mutter gestorben ist, als Adele vier Jahre alt war. Sie empfand dies als »nicht so schlimm«, da sie gar nicht weiß, wie es mit einer Mutter gewesen wäre.

»Ich habe noch fünf Brüder«, erzählt sie, »drei davon sind erheblich älter als ich, einer ist eineinviertel Jahre jünger. Er war bei Mutters Tod erst drei Jahre alt. Versorgt haben uns dann mein Vater und die Großmutter. Nach einem Jahr heiratete mein Vater wieder, aber die Ehe wurde nach fünf Jahren wieder geschieden.«

Zu dieser Zeit ist Adele zehn. Wieder versorgen Vater und Großmutter die Familie. Zwei Jahre später heiratet der Vater zum dritten Mal. Die neue Frau ist eifersüchtig auf die Kinder, die ja vor ihr dagewesen sind. Der Vater steht dazwischen; er will es allen recht machen, vor allem aber der neuen Frau. Besonders eifersüchtig ist die Stiefmutter auf die beiden Kleinen, Adele und ihren jüngeren Bruder. Sie sind im Weg. Deshalb werden die Kinder nach dem Abendessen immer auf ihr Zimmer geschickt. Dort spielen sie, aber sie fühlen sich auch abgeschoben. Adele findet einen Weg, um sich diesen Zustand zu »versüßen«: im Keller gibt es Äpfel. Diese sind zwar verboten (wie im Paradies), aber Adele holt sich regelmäßig davon und ißt sie heimlich in ihrem Zimmer. Adele: »Ich stand regelrecht unter Zwang, etwas zu essen.«

Adeles Selbstwertgefühl sinkt immer tiefer. Mit dreizehn geht sie vom Gymnasium ab auf die Realschule, weil sie sich den vielen Lehrstoff des Gymnasiums nicht zutraut.

Mit vierzehn findet sie sich zu dick und probiert Diäten aus. Sie nimmt ab und wieder zu. »Die schönsten Minuten am Tag waren die, wenn ich mich entschloß, morgen nichts zu essen«, sagt sie. Mit achtzehn entdeckt sie das Erbrechen, weiß aber nicht mehr wie. Sie hat Eßanfälle und unterscheidet zwischen »zugestandenen« Eßanfällen, zum Beispiel vor der Periode, und »nicht zugestandenen«. Nach den »illegalen« Eßanfällen erbricht sie – zu jener Zeit nur alle paar Wochen.

Die Auseinandersetzungen mit der Stiefmutter häufen sich, und Adele zieht mit siebzehn Jahren von zuhause aus, weil sie es nicht mehr aushält. Als der Vater in Kur ist, wird der Streit so schlimm, daß sie Hals über Kopf bei Freunden untertaucht. Mit achtzehn wird sie von ihrem Freund schwanger. Eine Abtreibung scheint unausweichlich. »Mein Vater ging mit mir in die Abtreibungsklinik«, berichtet Adele, »und ich habe diese Abtreibung gut überstanden – auch physisch. Es ging mir nicht nahe.« Dann zog sie in eine Wohngemeinschaft und machte ihre Ausbildung zur Krankenschwester fertig.

»Was mir schon früh auffiel, war, daß ich mit Lob nicht umgehen kann. Wenn mich jemand lobt, dann muß ich es abwerten. Mein Selbstwertgefühl läßt nicht zu, daß an mir etwas Positives sei.«

Adeles Schwierigkeiten, sich abzugrenzen, fordern ihren Preis.

»Ich hatte damals einen symbiotischen Freund, der von mir gar nicht genug Zeit, Aufmerksamkeit und Zuwendung kriegen konnte. Er hätte alles für mich getan, aber ich wollte mich von ihm trennen. Ich schaffte es nicht, weil ich angeblich keinen ›Grund‹ hatte, denn meine eigenen Gründe nahm ich nicht ernst genug. Ich fraß und erbrach in immer schnellerer Folge. Zu dieser Zeit habe ich in einer Band gesungen. Auch hier hatte ich Schwierigkeiten, mich in der Öffentlichkeit zu zeigen und zu bewegen. Am liebsten hätte ich mich vor dem Publikum versteckt.«

Inzwischen ißt und erbricht sie täglich. Sie hat ein starkes Pflichtgefühl. Auch ihre Beziehungen zu Frauen werden weitgehend von »helfen wollen« und »Probleme anhören« geprägt. Sie »muß« so vieles, und sie »darf« so wenig.

Kurze Zeit später bekommt die Band einen neuen Gitarristen, und Adele verliebt sich in ihn. Jetzt schafft sie es, sich vom alten Freund zu trennen. Der neue ist anders: egoistischer, weniger gefühlvoll und verschlossen, wenn es um das Ausdrücken von Gefühlen geht. Adele leidet darunter, denn sie fühlt sich oft im Stich gelassen.

Eigenartigerweise benutzt sie keinerlei Verhütungsmittel. Als Krankenschwester müßte sie das Risiko kennen, schwanger zu werden. Heute sieht sie es als Kommunikationsstörung. Es war einfach nicht möglich, sich sachlich über dieses Thema zu unterhalten. »Wir sprachen über unsere gegenseitige Abneigung für die eine und andere Methode. Als ich beschloß, zu verhüten, war es zu spät.«

Schließlich ist sie wieder schwanger. Die Reaktion des Freundes war ein Schock für sie, der sie tief drinnen verletzte und einen Riß verursachte, der bis heute nicht gekittet ist. Er fragte: »Von wem?«, denn er wollte kein Kind. Adele wollte auch kein Kind – jedenfalls nicht in dieser Art von Beziehung, aber eine Abtreibung wollte sie auch nicht wieder.

Adele: »Damals dachte ich mir, jetzt wird es Zeit, daß du dein Leben mal bewußter angehst. Abtreibung kam für mich nicht mehr in Frage. Ich wollte dann das Kind haben und beschloß, es großzuziehen. Als alleinstehende Mutter hätte ich das ›Mutter-Kind-Modell‹ in Anspruch nehmen können. Dann hätte ich aber allein wohnen müssen. Plötzlich aber wollte mein Freund auch in der Nähe des Kindes sein und mich heiraten. Das wollte ich nicht. Dann schlug er vor, doch wenigstens zusammenzuziehen.

Schon vorher habe ich in der Beziehung gemerkt, daß mein Freund keine Nähe aushält und sich dann zurückzieht. Das hat mir nicht gutgetan. Nun, als ich schwanger war, hatte ich das Gefühl, daß ich mich nicht mehr trennen dürfte. Ich fraß diesen Konflikt in mich hinein und verkümmerte innerlich immer mehr. Mit niemandem konnte ich richtig reden. Ich fraß und kotzte inzwischen mehrmals am Tag. Gegen Ende der Schwangerschaft hatte ich das Gefühl, daß ich zusammenbrechen würde. Nach außen hin ›funktionierte‹ ich zwar bestens, ging aber zum Psychiater, der mich glücklicherweise auch ernst nahm und mir einen Therapieplatz bei einer Psychotherapeutin vermittelte. Nach den Probesitzungen ging es mir besser. Die Aussicht, bald einen Therapieplatz zu bekommen, gab mir wieder Hoffnung zum Leben.«

Adele hatte die Fassade der Stärke zu lange aufrechterhalten. Mit dem Zusammenbruch, als sie endlich bereit war, Hilfe anzunehmen, kam auch die Erleichterung.

Adele: »Ich fraß und kotzte bis zum letzten Tag meiner Schwangerschaft mit unendlich vielen Schuldgefühlen meinem Kind gegenüber. Dann kam der Tag, als mein Kind geboren wurde. Dieser Tag war die Wende: Mein Eßproblem war weg. Erbrochen habe ich seither nicht mehr. Es war, als sei ein ›Programm‹ zu Ende und abgeschaltet. Da ich stillte, mußte ich sowieso viel essen, und ich war derartig mit meinem neugeborenen Kind beschäftigt, daß ich weder die Zeit noch die Energie gehabt hätte, mich vollzustopfen und zu erbrechen.«

Bald nach der Geburt ihres Sohnes wurde für Adele ein Therapieplatz frei. Ihrem Freund hat sie bis heute nicht die wahren Gründe, warum sie eine Therapie macht, verraten.

»Ich begann an meiner Verletzlichkeit zu arbeiten. Der Zynismus meines Freundes gibt mir viel Gelegenheit, mich mit meinen wunden Punkten auseinanderzusetzen. Ich lernte, für mich in der Beziehung zu kämpfen. Das konnte ich vorher nicht, denn ich habe mich immer zurückgezogen oder stillgehalten. Nun muß ich kämpfen, aber es fällt mir sehr schwer. Vier Monate nach der Geburt des Kindes zogen mein Freund und ich zusammen. Es ist mir immer klarer geworden, daß mein Freund einige Parallelen zu meinem Vater ausweist, so zum Beispiel seine Angst vor Nähe.«

Versucht Adele auf diese Weise noch einmal die Liebe ihres Vaters zu bekommen? Alles recht zu machen hat sie früh gelernt. Aber lebt sie wirklich »ihr Leben«?

In diesem Jahr bekam sie erstmalig einen Neurodermitisschub. In der Therapie lernte sie, daß es »sie juckt«, wenn sie sich in Streß bringt. Oder in Streß bringen läßt.

Ich frage sie, was sich bei ihr verändert hat, seit sie nicht mehr frißt und erbricht.

Adele: »Mein ganzes Lebensgefühl ist anders – viel optimistischer. Früher war ich oft deprimiert und auch sehr eifersüchtig. Heute habe ich allerdings auch gar nicht mehr so viel Zeit zum Grübeln. Ich habe das Gefühl, daß ich heute anders bin als früher. Ich habe mehr Selbstvertrauen und mehr Selbstwertgefühl. Mit dem Telekolleg habe ich angefangen und möchte das Abitur nachmachen. Krankenschwester möchte ich nicht bleiben. Was ich genau möchte, weiß ich allerdings noch nicht, vielleicht etwas Kreatives. Früher hätte ich mir nicht soviel Selbstdisziplin zugetraut und hätte sie auch nicht gehabt. Damals hätte ich nur gelernt, wenn man mich von außen gedrängt hätte. Heute lerne ich freiwillig und mit Ausdauer.

Mein Gewicht hat sich auf den Stand eingependelt, den ich früher nur durch Erbrechen halten konnte. Heute halte ich das Gewicht ohne größere Mühe. Ich weiß wieder, wann ich satt bin und wann ich Hunger habe.

Früher habe ich mich stärker von festen Schemata leiten lassen, von meinen Vorstellungen davon, wie etwas zu sein hatte. Heute kann ich die Dinge eher laufen lassen und dann das Beste daraus machen. Auch mit Angst gehe ich anders um: Ich versuche, sie nicht mehr zu verdrängen, sondern auszuhalten. Das fällt mir sehr, sehr schwer. Aber ich gebe dem Impuls wegzulaufen nicht mehr nach. Meistens wenigstens. Ich versuche auch meinem Kind eine gute Mutter zu sein. Manchmal habe ich Angst, daß ich es nicht genügend loslassen kann und zuviel kontrollieren und steuern möchte. Dann muß ich mich selbst zur Ordnung rufen. Das Vertrauen in mich selbst fehlt mir noch oft, ich baue es erst langsam auf.«

Adele sieht sich mitten in einem Prozeß, der vielleicht niemals abgeschlossen sein wird. Das macht ihr nichts mehr aus. Sie ist geduldiger und sanfter geworden, und das gerade sich selbst gegenüber.

»Was möchtest du für dich noch erreichen, Adele?« frage ich sie zum Schluß.

Adele überlegt ein wenig, dann sagt sie langsam: »Kreativer arbeiten möchte ich. Ich nehme momentan wieder Gesangsunterricht und möchte dann auch wieder mehr mit der Band auftreten. Wir sind jetzt viel professioneller als früher. Leider konnte ich bisher so viel Aufmerksamkeit und Publikum schlecht verkraften. Ich möchte auch selbstbewußt in der Öffentlichkeit auftreten können. Überhaupt habe ich noch Schwierigkeiten, mir etwas zu nehmen, und in Beziehungen und bei der Kontaktaufnahme mit Fremden kommt diese Schwierigkeit am meisten zum Tragen.«

Da erinnere ich mich, daß sie mir geschrieben hatte, daß ich doch bestimmt viele Briefe bekäme und sie mich noch zusätzlich belästige. Gleichzeitig schrieb sie mir, daß sie stolz sei, es trotzdem geschafft zu haben, mir zu schreiben. Indem sie ihre Ängste erkennt und zu überwinden versucht, ist Adele auf dem richtigen Weg.

Ich freue mich mit ihr. Und dann fällt ihr noch etwas ein: »Meine Impulse muß ich noch ernster nehmen. Neulich hatte ich Lust, etwas mit den Händen zu modellieren. Ich redete mir dann selbst aus, daß ich dies irgendwie in die Tat umsetzen könnte. Aber jetzt habe ich mir überlegt, ich könnte jemanden finden, der mir Modellieren beibringt, könnte konkret die Finanzierung des Unterrichtes durchkalkulieren und so weiter. Ich werde das konsequent angehen. Dieses Beispiel hat mir wieder gezeigt, daß ich meine Impulse noch immer nicht so ernst nehme, daß ich versuchen würde, sie auszuleben oder zu verwirklichen, sondern daß ich mich oft noch von Bequemlichkeiten und ›Vernunft‹ leiten lasse. Das möchte ich noch verändern. Auch möchte ich noch meine Fixiertheiten aufgeben und meine Beziehungen zu Männern und Frauen besser sortieren können. Momentan laufen noch zu viele Kontakte über das Pflichtgefühl. Auch in der Beziehung zu meinem Freund möchte ich selbstbewußter und weniger verletzlich werden. Ich weiß, ich habe noch einen langen Weg vor mir. Man kann es, glaube ich, so ausdrücken: Ich möchte Kopf und Bauch zusammenbringen.«

ZWEITER TEIL

Wie man vom Eßzwang loskommt

Es ist leicht zu erkennen, daß die Geschichten der hier zu Wort gekommenen Frauen immer in ganz ähnlicher Weise verlaufen. Mädchen, oft unerwünscht und ungeliebt, machen sich in ihrer Herkunftsfamilie besonders nützlich, um dafür ein bißchen Liebe und Anerkennung zu bekommen. Sie passen sich so gut an die Anforderungen an, daß sie schon gar nicht mehr wissen was für sie selbst eigentlich gut ist – und sie wollen es auch gar nicht mehr wissen. Wenn sie dann das Elternhaus verlassen, leben sie nach diesem Muster weiter: Sie legen sich mächtig ins Zeug – für andere. Dafür werden sie vom Leben hart angepackt und von ihrer Umgebung oft ausgenutzt. Aber sie haben nicht die Kraft und auch nicht den Mut, ihr Leben so zu leben, wie es ihnen gefallen würde, denn dann müßten sie zu vielen Leuten weh tun. Und zu oft müßten sie erkennen, daß sie gar nicht wissen, was sie eigentlich wollen. Aber warum sollten sie auch ihr Leben ändern? Viele schätzen sie als zuverlässige, pünktliche, belastbare Mitarbeiterinnen. Als selbstlose Mütter und Töchter und als pflegeleichte Partnerinnen. Das geht eine Zeitlang so, aber dann irgendwann werden die Eßanfälle so massiv, daß ihnen klar wird: Mit dir stimmt irgend etwas nicht. Aber auch dieses Gefühl wird wie so viele andere Gefühle mit Essen betäubt. Das mag viele Jahre so gehen. Und dann kommt der sogenannte »Schuß vor den Bug«, allerdings nicht aus »heiterem« Himmel, wie die Frauen sich manchmal noch vormachen, denn eigentlich ist er längst fällig, und insgeheim fühlt auch manche Frau, daß er notwendig war. Anderenfalls würde sie heute noch leben wie damals, denn so schmerzlich das auch ist, nun betrachtet die Frau ihre Lage zum ersten Mal bewußt und nüchtern. Die Betroffenheit bringt sie zu dem Schluß, daß es so nicht mehr weitergehen kann.

Dies ist ein besonders schwieriger Moment, und manche Frauen werden nicht damit fertig. Während einige erkennen, daß sie Hilfe brauchen und ihre Probleme nicht allein bewältigen können, fühlen andere sich völlig alleingelassen und versuchen, sich das Leben zu nehmen.

Viele Frauen sind nun bereit, ihr bisheriges Leben in Frage zu stellen. Die »Wende« beginnt. Sie lernen, mit sich und ihrem Leben anders umzugehen. Langsam und behutsam entwickeln sie Ellbogen und eine Stimme, um sich Gehör zu verschaffen. Sie entwickeln Muskeln für den Kampf mit all jenen, für die sie so selbstlose Mitarbeiterinnen, Partnerinnen, Mütter, Töchter und Freundinnen waren. Die Eßanfälle verebben allmählich. Die strenge Vernunft und die gierige Haltlosigkeit, die die Frau gleichermaßen gepeinigt haben, finden allmählich zueinander, und durch ihre Vereinigung erzielen sie eine Art Kompromiß, mit dem die Frau leben kann. Sie wird sich selbst gegenüber rücksichtsvoller. »Früher habe ich immer versucht, nirgends anzuecken und alle an mich gestellten Erwartungen zu erfüllen«, so brachte es eine Frau auf den Punkt, »und das habe ich so gut gemacht, daß kein Mensch wußte, wer ich wirklich war. Auch ich nicht. Und so mußte auch niemand meine Erwartungen erfüllen, da ich keine hatte. Ich war jedem gegenüber loyal, nur mir selbst gegenüber nicht. Heute bin ich mir wichtiger als alle anderen. Ich bin zu mir selbst nach Hause gekommen, und der Weg nach Hause war sehr lang.«

Dieser Weg zu sich selbst und das Erlangen von Loyalität mit sich selbst tragen entscheidend zum Heilungsprozeß bei. Der Prozeß kann mit einer langen Treppe verglichen werden. Eßsüchtige sitzen unten an deren Absatz und beklagen sich, daß die Treppe so hoch ist und daß sie nicht bereits oben sind. Sie möchten »automatisch« oder auf magische Art und Weise nach oben kommen. Daß das so nicht geht, ist frustrierend, und dieser Frust wird mit Essen kompensiert. Also sitzt der Eßsüchtige lieber auf dem Treppenabsatz und ißt, um sich zu betäuben, anstatt daß er eine Stufe nach der anderen mühsam erklimmt. Nur, solange der Mensch nicht fliegen kann, führt der Weg nach oben über jede einzelne Stufe. Und es nutzt auch nichts, sich mit Essen zu betäuben. Auch nach hundert Betäubungsversuchen sitzt man noch auf dem Treppenabsatz. Und außerdem wird das Klettern immer mühsamer, je länger man wartet, bis man sich endlich auf den Weg macht.

Aber wenn es doch so unvernünftig ist zu essen, anstatt die Stufen hochzusteigen, warum tun es dann so viele Menschen? Ist es nur Bequemlichkeit? Oder ist es Angst vor Veränderung? Oder Angst vor dem Erfolg? Oder Angst vor der Selbständigkeit? Warten diese Menschen gar auf jemanden, der sie die Treppen hochträgt? So wie im Film der Bräutigam die Braut über die Schwelle trägt? Auf jeden Fall verbindet man mit der Redewendung »Er trägt mich auf Händen« etwas Positives, Angenehmes. Ist es besser, getragen zu werden, als selbst gehen zu müssen? Oder ist es erstrebenswerter, selbst gehen zu können, als getragen zu werden. Meine Antwort ist: Es ist gut, laufen und gehen zu können, aber es ist auch schön, ab und zu getragen zu werden. Aber nicht immer. Das heißt, mit dieser Einstellung kommt man die Treppe immer hinauf. Aber was ist, wenn man eigentlich auf dem Treppenabsatz sitzen bleiben will und nur so tut, als wolle man hinauf? Dann ist es Zeit für unsere Vereinigung von Kopf und Bauch. Nur wenn diese beiden Kontrahenten nicht mehr energieaufwendig streiten und wenn sie ihre Energie in ein und dieselbe Richtung konzentrieren, dann kann ich entweder die Treppe erklimmen oder bewußt auf dem Treppenabsatz sitzen bleiben. Und dort kann ich mich durchaus gut fühlen und dazu stehen, wenn jemand anders mich die Treppe hinaufjagen will. Vielleicht will ich auch nur ein paar Stufen hochsteigen und mich dann hinsetzen. Wer weiß? An diesem Beispiel läßt sich gut darstellen, wie Eßsüchtige – und vielleicht Süchtige allgemein – die Welt sehen. Für sie gibt es nur »alles« – in unserem Beispiel die letzte Stufe der Treppe – oder »nichts«, also den Treppenabsatz. Die vielen Stufen dazwischen werden nur diffus wahrgenommen und kommen als Möglichkeit nicht in Betracht. Aber wie kommt man nun vom Eßzwang los? Die Antwort – auf unser Bild von der Treppe übertragen – könnte lauten: Es geht darum, zu erkennen, warum ich auf dem Treppenabsatz sitze und nicht irgendwo anders. Dann muß ich herausfinden, was eigentlich mein Ziel ist. Und schließlich muß ich die Stufen, die ich hochsteigen will, wirklich hochsteigen. Wenn sie zu hoch sind, dann darf ich auch Hilfsmittel benutzen (Zwischenstufen, Leitern o.ä.). Und wenn ich es nicht auf Anhieb schaffe, dann darf ich es immer wieder versuchen. Denn mit jedem Versuch gewinne ich an Erfahrung und vermehre meine Kräfte.

Konkret kann dies heißen: Ich muß erkennen, warum ich esse und was ich mit dem Essen zu vermeiden versuche. Ich muß herausfinden, welche Gefühle ich nicht zulassen kann, denn ich verdränge sie mit Essen. Und dann muß ich allmählich lernen, diese Gefühle zuzulassen und auszuhalten. Und ich muß lernen, allmählich anders zu reagieren als mit Essen. Je öfter mir das gelingt, desto leichter fällt es mir.

Das hört sich ja einfach an, werden Sie jetzt vielleicht denken. Leider ist es nicht einfach, sondern ziemlich schwierig, denn es sind viele Stufen zu bezwingen. Wenn Sie eine erklommen haben, dann kommt schon die nächste. Aber wer weiß, vielleicht finden Sie nach hundert Stufen Spaß daran, noch weitere Stufen hochzusteigen?

Sehen wir uns mal einige unserer »Stufen« konkret an, damit klar wird, wie sie bewältigt werden können. Eßsüchtige haben ganz bestimmte falsche Denkmuster, die es zu identifizieren gilt. Man muß die Stufe erst ansehen, bevor man darauf Tritt faßt, und wenn einem die Denkmuster erst einmal aufgefallen sind, dann kann man auch daran gehen, in Zukunft anders zu handeln. Ich nenne diese Denkmuster »Irrtümer«, und sicherlich kommen Ihnen einige schon bekannt vor.

Die wichtigsten Irrtümer sind:

»Wenn ich dünn wäre, wäre alles anders.«

»Wenn ich dünn wäre, würden sich viele Probleme schlagartig lösen.«

»Ich darf niemanden enttäuschen.«

»Alles muß immer schnell gehen.«

»Was ich nicht richtig mache, lasse ich lieber bleiben.«

»Ohne meine Eßanfälle wäre mein Leben in Ordnung.«
»Es ist schlimm, einen Fehler zu machen.«
»Es ist besser, auf Nummer Sicher zu gehen, als etwas zu riskieren.«
»Wenn ich erst einmal anfange zu essen, dann kann ich nicht mehr aufhören.«
»Es ist wichtig, was die Leute denken.«
»Schokolade macht dick, Salat macht dünn.«
»Erst wenn ich dünn bin, kann ich ...

> Sport machen
> in die Sauna gehen
> mich im Badeanzug zeigen
> eine Beziehung zu einem Mann haben
> tanzen gehen
> mit Männern flirten
> die tollen Hosen tragen
> allein in Urlaub fahren
> eine Gehaltserhöhung fordern
> nein sagen zu Überforderung
> mich sexuell entfalten
> egoistisch sein
> nach meinem Geschmack leben
> ein Motorrad fahren
> mit anderen Frauen konkurrieren
> zu Angeboten nein sagen
> einen neuen Job suchen
> einen neuen Mann suchen
> in die Kneipen gehen
> allein essen gehen.«

»Solange ich dick bin, darf ich nicht egoistisch sein, denn ich muß einen Ausgleich zu meinem Dicksein bieten.«
»Solange ich dick bin, muß ich froh sein, wenn überhaupt jemand etwas mit mir zu tun haben will.«
»Dick« bedeutet oft genug, daß man sich nur einbildet, dick zu sein. Diese selbst auferlegten Hindernisse, die das ganze Leben einschränken, gilt es bei sich selbst zu entdecken und aktiv anzugehen. Den Weg aus diesen Irrtü-

mern und Selbsteinschränkungen kann man am besten durch »Lernschritte« vollziehen, die ich in diesem Buch erläutern möchte.

Bevor ich das tue, möchte ich aber noch erklären, wie es überhaupt dazu kommt, daß man anfängt, über seine Probleme konkret nachzudenken. Die Interviews mit jenen Frauen, die es geschafft haben, vom Fressen loszukommen, haben gezeigt, daß zunächst etwas eintreten muß, das die eigene Wahrnehmung verändert:

Der »Schuß vor den Bug«.

1. Der »Schuß vor den Bug«

Ein »Schuß vor den Bug« ist eine ernste Warnung, die klar werden läßt, daß man etwas grundsätzlich in seinem Leben verändern muß, um einer Katastrophe zu entgehen.

Nicht jeder »Schuß vor den Bug« ist sofort heilsam. Die meisten Eßsüchtigen brauchen mehrere Warnungen, bevor sie anfangen, etwas zu verändern. Alle Süchtigen sind Meister darin, sich selbst zu belügen. Ein Beispiel: Eine Frau bekommt einen Eßanfall. Obwohl der Kopf ihr sagt, daß sie nicht essen sollte, der Bauch aber Essen braucht, redet sich die Frau ein: »Nur dies eine Mal habe ich noch einen Freßanfall, aber ab morgen fange ich eine Diät an. Und dann fresse ich nie wieder.« Sie möchte gern glauben, daß es so sein wird, und durch nichts möchte sie diese Illusion zerstört haben. Und genau dies tut ein wirkungsvoller »Schuß vor den Bug«: Er zeigt die brutale, ungeschminkte Wahrheit. Wir müssen plötzlich unseren wahren Standort sehen und sind zutiefst betroffen. So betroffen, daß uns meist sogar der Appetit vergeht. Nur diese tiefe, unausweichliche Betroffenheit führt zu der Erkenntnis, daß es so nicht mehr weitergehen kann. Oft heißt dies: »So kann ich nicht mehr weiterleben.« Selbstmorde oder Selbstmordversuche sind in dieser Situation häufig. »Sich das Leben nehmen« ist so schön doppeldeutig. Eigentlich wäre es Zeit, sich endlich das Leben zu »nehmen«, das heißt es zu ergreifen, anstatt es sich wegzunehmen.

Wohin aber führt nun diese Erkenntnis, daß es so nicht weitergehen kann? Es muß etwas verändert werden. »Naja«, sagt nun vielleicht manche Frau mit Eßstörungen, »diese Erkenntnis kommt nach jedem Eßanfall. Veränderung bedeutet dann Diät.« Diese oberflächliche Erkenntnis meine ich nicht, denn sie hat nur den einen Zweck, das übermäßige Essen ungeschehen zu machen. Ansonsten verändert sich nichts. Hier soll es uns aber um das gesamte Lebenskonzept gehen, und ein wirkungsvoller Warnschuß muß dem Menschen ganz klar machen, daß etwas Schlimmes passieren wird, wenn er nicht eine Wendung um hundertachtzig Grad unternimmt.

Oft genug läßt er den betroffenen Menschen auch einsehen, daß er es allein nicht schafft.

Alle »Anonymen« Gruppen (Alcoholics anonymous, Overeaters anonymous) arbeiten mit diesem Konzept, das sie »surrender« oder »bedingungslose Kapitulation« nennen. Es ist die Einsicht, daß man das Eßproblem doch nicht im Griff hat, die den Betroffenen therapeutische Hilfe suchen läßt. Eine bedingungslose Kapitulation erfordert absolute Ehrlichkeit sich selbst gegenüber.

Der Moment, in dem man einen Warnschuß bekommt, ist ein Augenblick tiefster Betroffenheit. Es entstehen Gedanken in uns, die sich nicht mehr verdrängen lassen. Denken wir an Anita, deren Freundin sich umbrachte. Eigentlich hatte doch Anita mit Selbstmord gedroht, und nun bringt sich die Freundin um. Auch Anita denkt dann wieder an Selbstmord, sie steht schon am Fenster und könnte springen, aber in diesem Augenblick entscheidet sie sich für das Leben. Das ist die Wende in ihrem Leben.

Oder Kathrin, die Hepatitis bekommt. Irgendwoher bekommt sie den Mut, das Studium zu beenden und nach Hause zurückzukehren.

Oder Angelika, die einen Selbstmordversuch unternimmt und gerettet wird.

Oft verläuft der »Schuß vor den Bug« wohl weniger dramatisch, ist aber nicht weniger wirksam. So kann man durch das Ende einer Beziehung zur Besinnung gebracht werden, oder durch ein Buch, das einem die Augen öffnet. Eine meiner Klientinnen, die ziemlich rundlich ist, sah bei einer Freundin ein Foto von sich, das unbemerkt von ihr gemacht worden war. Es war kein günstiges Bild, sondern zeigte sie in voller Breitseite. Das war ein Schock. Die Klientin hatte sich lange Zeit an Spiegeln vorbeigemogelt oder nur auf ihr Gesicht geschaut, und beim Fotografieren hielt sie sich immer im Hintergrund, wenn es sich nicht völlig vermeiden ließ, daß sie mit aufs Foto kam. Nun mußte sie sehen, wie dick sie in Wirklichkeit war. Von diesem

Zeitpunkt an schaffte sie es, kontinuierlich abzunehmen und ihr Eßverhalten allmählich grundlegend umzustellen.

Eine andere Klientin bekam ihren »Schuß vor den Bug«, als die Freunde ihrer Eltern ermordet wurden. Ihr erster Gedanke war: »So schnell kann das Leben zu Ende sein, und du verplemperst es mit deinen Eßanfällen.« Wochenlang hatte sie keinen Eßanfall, doch dann stellten sich die Probleme wieder ein, weil sie nicht genügend »Kleinarbeit« geleistet hatte und die Betroffenheit wieder anderen Gefühlen Platz machte. Die Betroffenheit muß also erhalten bleiben, damit der Warnschuß veränderungswirksam bleibt. Nun sind ja Eßsüchtige, wie gesagt, Meister in der Verdrängung, und auch die Betroffenheit kann man wieder beiseite schieben. Für eine langfristige Verhaltensänderung sind also noch andere Schritte notwendig. Wenn jemand in der Zeit der Betroffenheit zur Therapie oder zur Selbsthilfegruppe Zuflucht nimmt, dann hat er gute Chancen, daß die Betroffenheit insofern wirksam bleibt, als in der Therapie die Kleinarbeit geleistet und die Betroffenheit immer wieder hervorgerufen wird. Der wichtigste Schritt, der aus Betroffenheit und bedingungsloser Kapitulation zu erfolgen hat, ist die Übernahme der Verantwortung für das eigene Leben und speziell für die eigene Genesung. Auch der Beschluß, nicht mehr zu erbrechen, ist eine solche Übernahme von Verantwortung für das eigene Verhalten. Tina, Gudrun und Adele hatten die Kraft, aus eigenem Antrieb aufs Erbrechen zu verzichten. Nicht jeder ist so stark, und vielen Eßsüchtigen fällt es schwer, Hilfe anzunehmen, weil sie keine Schwächen zeigen können und nicht hilfsbedürftig erscheinen wollen.

Der »Schuß vor den Bug« sollte deshalb ein wenig demütig machen, um wirkungsvoll zu sein. Rosa brachte es auf den Punkt: »Meine bisherige Entwicklung verdanke ich dem Leid.« Der »Schuß vor den Bug« ist schmerzlich, aber er motiviert, einen Entwicklungsprozeß in Kauf zu nehmen. Dieser Entwicklungsprozeß beinhaltet die nötige Kleinarbeit, und auch die nun folgenden »Lernschritte gegen das Vielessen« gehören dazu.

2. Zehn Lernschritte gegen das Vielessen

1. Probleme lösen sich nicht schlagartig

Eine Sekretärin sitzt am Schreibtisch. Es ist kurz vor 17 Uhr. Sie hat sich für 17.30 Uhr mit ihrer Freundin im Café verabredet und freut sich darauf. In diesem Moment geht die Tür auf, ihr Chef kommt herein und legt ihr ein paar beschriebene Blätter auf den Tisch. »Ach Frau Weber, bitte machen Sie doch noch schnell diesen Brief an die Firma XY fertig. Sie wissen doch, er muß heute noch raus. Er ist ja nicht sehr lange, das schaffen Sie doch noch?« Bevor die Angesprochene antworten kann, ist der Chef wieder draußen. Frau Weber ist sprachlos. Es ist das dritte Mal in dieser Woche, daß er ihr kurz vor Feierabend noch einen zu schreibenden Brief hinlegt. Und es soll immer schnell gehen. Und »mal kurz«, und »mal eben«. Frau Weber ärgert sich. Sie sieht auf die Uhr. Die Freundin wird sie erst später treffen können. Sie ruft sie an. Sagt ihr, daß sie später ins Café nachkommt. Dann macht sie sich an die Arbeit. Sie merkt, daß sie sich oft vertippt, was ihr sonst fast nie passiert. »Mist nochmal«, denkt sie, »warum bist du denn so schusselig? Der Chef verlangt ordentliche Arbeit von dir. Du bist doch seine beste Kraft. Das hat er ja schon mehrfach gesagt. Auf dich kann er sich verlassen.« Einen kurzen Moment spürt sie Genugtuung, denn der Chef lobt sie oft. Dann merkt sie, daß der Brief doch nicht »schnell mal« geschrieben werden kann. Der Chef hat es sich mal wieder einfach gemacht. Er hat zwar das Angebot geschrieben, aber dabei weder Artikelnummer noch Preise in seinen Brief aufgenommen. Die darf Frau Weber nun in mühsamer Kleinarbeit heraussuchen. Sie ärgert sich wieder. Ein Ordner fällt ihr aus der Hand, der Schließring platzt auf, weil der Ordner viel zu voll ist, und ein Schwall von Blättern ergießt sich auf den Boden. O nein, auch das noch. Jetzt kann ich die auch noch einsammeln und ordnen. Frau Weber ist den Tränen nahe. Eine unbändige Wut steigt in ihr hoch. Sie bekämpft sie, indem sie sich selbst als schusselig und unkonzentriert beschimpft. Es ist alles ihre Schuld. Als Frau Weber endlich den Ordner wieder komplett geordnet und den Brief geschrieben hat, ist es kurz vor 19 Uhr. Sie hetzt zu ihrer Verabredung ins Café. Unterwegs merkt sie, daß sie seit dem Mittagessen nichts gegessen hat, und verspürt einen unbändigen Hunger. Sie kennt in der Nähe eine Würstchenbude. Eigentlich ist dort schon Feierabend, aber da man hier Frau Weber als Stammkundin kennt, bekommt sie doch noch ihre Wurst. Frau Weber schlingt ihre Wurst in sich hinein, gehetzt, mit schlechtem Gewissen, weil sie nun noch später zu ihrer Verabredung kommen wird. Dann hastet sie weiter. Als sie das Café betritt, sieht sie, wie ihre Freundin gerade ihren Mantel anzieht und im Begriff ist, zu gehen. »Mensch, Erna, wo steckst du denn die ganze Zeit? Ich habe über eine Stunde auf dich gewartet«, begrüßt die Freundin sie in vorwurfsvollem Ton. »Hallo, Karin. Ja, tut mir leid, mir ist was Blödes passiert im Büro. Willst du denn schon gehen? Ach bleib doch noch ein bißchen.« Erna ist enttäuscht und schuldbewußt. »Nein, ich kann doch nicht. Ich habe dir doch gesagt, daß ich um 19.30 Uhr noch einen Termin habe. Außerdem habe ich wirklich lange genug hier gesessen. Wir können ja morgen telefonieren. Also dann, tschüß.« In Erna Weber wechseln sich Wut, Scham, Schuldgefühle und Enttäuschung ab. Sie setzt sich erst einmal auf einen Stuhl. Sie ist so verwirrt, daß sie noch gar nicht weiß, was sie sich bestellen möchte. Sie bestellt irgend etwas, was sie gerade auf der Speisekarte entdeckt hat und wovon sie annimmt, es könnte ihr schmecken. Der ganze Abend ist verpfuscht, denkt sie, wenn ich nach Hause komme, bin ich allein. Der einzige Lichtblick wäre noch ein Gespräch mit Karin gewesen. Warum muß mir aber auch der Ordner aus der Hand fallen? Ich bin so chaotisch in letzter Zeit, was ist denn los mit mir? Besonders seit ich die 10 kg zugenommen habe, bin ich so. Wenn ich wieder dünner wäre, dann wäre sowieso alles besser. Der bestellte Käsekuchen kommt. Erna schiebt einen Bissen nach dem anderen in sich hinein. Die trüben Gedanken kreisen ununterbrochen weiter. Plötzlich ist das ganze Stück Kuchen verschwunden, und Erna hat noch gar nicht registriert, wie es geschmeckt hat. Mehr, noch mehr, ruft eine Stimme in ihr. Nein, du bist sowieso zu dick, sagt eine andere Stimme. Erna beschließt, noch ein Stück Kuchen zu essen. Sie bestellt diesmal Erdbeerkuchen mit Schlagsahne, der dann auch wirklich schmeckt. Das schlechte Gewissen beeinträchtigt allerdings den Genuß. Sie ißt immer schneller, wundert sich auch, was die Leute wohl denken mögen. Dann bezahlt sie und kauft beim Hinausgehen an der Theke noch eine Tafel Schokolade und eine Packung Kekse. Das Herz klopft ihr bis zum Hals, so sehr quälen sie Schuld- und Schamgefühle. Auf dem Nachhauseweg ißt sie die Schokolade und die Kekse restlos auf. Sie denkt daran, daß sie morgen ein Kilo oder wenigstens ein Pfund mehr wiegen wird. »Dann kommt es nun nicht mehr darauf an, dann kannst du weiteressen«, sagt sie sich. Kaum ist sie zuhause, ißt sie alles, was ihr zwischen die Finger kommt: Marmeladenbrot, Käse, Quark, nochmals Kekse, einen Rest Spaghetti mit Knoblauchsauce.

Erna ist total vollgestopft. Jetzt hast du wieder gefressen, und du wolltest doch heute etwas weniger essen, denkt sie. Ich muß unbedingt ab morgen wieder Diät machen. Sie kramt die Frauenzeitschrift hervor, in der die neueste Frühjahrsdiät propagiert wird. Mit viel Quark und einer Gewichtsverlustgarantie von 10 Pfund in vierzehn Tagen. Als Erna ernsthaft den Entschluß faßt, ab morgen diese Diät zu machen, geht es ihr schlagartig besser. Ja, sogar eine milde Euphorie befällt sie. Morgen, ja morgen, da fängt die Diät an. Dann fängt ein neues Leben an. Mit diesem hoffnungsvollen Vorsatz schläft Erna Weber in dieser Nacht ein.

So sieht Ernas Lösung für ihre Probleme aus. Wenn Sie noch akut eßsüchtig sind, dann kommt Ihnen diese Art, an seine Probleme heranzugehen, ziemlich sicher bekannt vor. Leider hat Erna die Kette von Ereignissen, die letztlich im Eßanfall mündeten, völlig ignoriert. Sie macht sich lediglich Vorwürfe, daß sie zuviel gegessen hat, und möchte dies ungeschehen machen. Alles andere möchte sie unverändert lassen. Diese »schlagartigen Problemlösungen« sind aber keine echten Hilfen, sondern lenken lediglich vom wahren Problem ab.

Schauen wir uns die Episode nochmals an und achten wir auf die verborgenen Signale, die Erna Weber eigentlich hätten warnen sollen.

»... *er ist ja nicht sehr lang. Das schaffen Sie doch noch?*«

Erna Weber ist sprachlos. Erstaunlich, wie selbstverständlich der Chef ihr noch kurz vor Feierabend einen zeitaufwendigen Brief auf den Schreibtisch legt. Diese Selbstverständlichkeit spricht für Gewohnheit. Er weiß, mit wem er das machen kann. Er lobt Erna immer wieder, und sie ist stolz, seine beste Mitarbeiterin zu sein. Diesen Ruf möchte sie sich erhalten, und dafür tut sie auch etwas: Sie erfüllt alle Erwartungen, die an sie gestellt werden. Erna muß sich überlegen, warum sie die beste Kraft ist und warum ihr das so erstrebenswert vorkommt: Sie ist ihrem Chef gegenüber loyaler als sich selbst gegenüber. Das heißt nun nicht, daß Erna nur noch arbeiten soll, wenn sie Lust hat. Es soll heißen, daß sie sich derartige Überstunden nicht selbstverständlich aufhalsen lassen soll, sondern sich bewußtmacht, warum sie das tut. Wenn der Chef »mal schnell«, »mal eben« oder »mal kurz« sagt, dann zeigt er damit nur, daß er Ernas Arbeit gar nicht zu schätzen weiß. Wenn Erna Weber trotzdem alles mitmacht und sich nicht beklagt oder Bedingungen stellt, dann glaubt der Chef noch lange, daß sie das ganz einfach geschafft hat. Ihr guter Ruf als »beste Kraft« ist dann gerechtfertigt. Und der besten Kraft kann man auch noch mehr zumuten. An dieser Stelle müßte Erna etwas ändern.

Sie könnte zum Beispiel sagen: »Tut mir leid, ich habe selbst einen Termin um 17.30 Uhr. Den Brief kann ich ja morgen früh als ersten tippen.« Oder sie setzt ihm einen Zeitpunkt, bis wann er Briefe bei ihr abgeben kann, die am gleichen Tag raus müssen. Auf jeden Fall muß der Chef mitbekommen, daß es ein absoluter Ausnahmefall und ein

Entgegenkommen von Erna ist, wenn sie den Brief doch mal tippen sollte. Aber niemals eine Selbstverständlichkeit.

Sie merkt, daß sie sich oft vertippt.

Erna spürt ihre Wut, kann damit aber nicht richtig umgehen. Sie wird nicht geäußert, aber auch nicht richtig zugelassen, da Erna Weber ja gleichzeitig die Genugtuung über ihre Stellung beim Chef spürt. Die Wut ist aber trotzdem da, und sie äußert sich in Selbstsabotage: Erna vertippt sich. Einerseits möchte sie diesen Brief schreiben, aber irgend etwas in ihr weigert sich. Anstatt diese Stimme ernst zu nehmen, tadelt sie sich selbst wegen ihrer Schusseligkeit. Wie könnte Erna sich anders verhalten? Sie müßte sich entscheiden: Entweder sie schreibt den Brief und steht dann auch dazu, oder sie entschließt sich, den Brief einen Tag später zu schreiben. Aber Erna wagt nicht, die Arbeit liegen zu lassen, weil sie glaubt, der Chef könne sie dann für unzuverlässig halten.

Ein Ordner fällt ihr aus der Hand.

Spätestens hier müßte Erna merken, daß ihr die Arbeit zuwider ist: Sie wirft den Ordner weg. Das tut sie natürlich nicht absichtlich, aber es ist doch deutlich. Wieder schneidet sie sich ins eigene Fleisch: Die Blätter aufzusammeln und zu sortieren bleibt an ihr hängen. Sie kann die Arbeit nicht einfach liegen lassen und am nächsten Tag fertig machen, dazu hätte sie ein viel zu schlechtes Gewissen. Erna kann ein schlechtes Gewissen schlecht aushalten. Und Erna Weber hat oft ein schlechtes Gewissen: immer dann, wenn sie die Erwartungen anderer nicht erfüllt; immer dann, wenn sie nicht so handelt, wie jemand anders es sich vorstellt. Sie will es jedem recht machen, nur nicht sich selbst. Warum behandelt sie sich nur so schlecht? Erna muß noch lernen, andere zu enttäuschen und für sich selbst besser zu sorgen.

Sie hetzt zu ihrer Verabredung ins Café.

Das schlechte Gewissen treibt Erna zur Eile an. Sie ist hoffnungslos verspätet. Immerhin hat sie sich trotzdem noch eine Wurst gegönnt, kann diese aber nicht genießen, da sie viel zu angespannt ist. Aber die ganze Eile war umsonst. Die Freundin verläßt gerade das Café und ist noch dazu wütend, weil sie so lange gewartet hat. Wieder bekommt Erna Schuldgefühle. Sie fühlt sich für die Gefühle der Freundin verantwortlich. Erna kann niemandem weh tun. Weder ihrem Chef noch ihrer Freundin. Nur sich selbst kann sie weh tun, und das tut sie kräftig. Zum Beispiel mit ihren negativen Gedanken. Als sie im Café sitzt, könnte sie sich ja an ihrem Stück Kuchen freuen, dann hätte sie nicht so viel davon gebraucht. Aber Erna Weber gibt sich an allem die Schuld: weil sie so unkonzentriert und schusselig ist. Und überhaupt, weil sie so dick geworden ist.

Sie ißt immer schneller, wundert sich, was die Leute denken.

Daß Erna Weber so schnell ißt, ist ein Zeichen dafür, daß ihre Schuldgefühle mit jedem Bissen größer werden. Um nicht zum Nachdenken zu kommen, muß sie schnell essen, nicht etwa langsam und genüßlich. Sie darf auch nicht merken, wann sie satt ist, denn wenn sie aufhört zu essen, kommen unweigerlich die Selbstvorwürfe. Sie kann dann nichts Gutes an sich mehr finden. Und ihre negativen Gedanken führen dann dazu, daß sie sich immer deprimierter fühlt. Deshalb glaubt sie auch, daß andere sie genauso »schlimm« finden wie sie selbst. Und sie projiziert ihre eigenen Schuld- und Schamgefühle auf andere, die sie angeblich mißbilligend mustern. Deshalb ißt sie dann ja auch heimlich weiter. In diesem Stadium der Ereigniskette ist Ernas Aufmerksamkeit ausschließlich bei ihrem gestörten Eßverhalten. Dabei geht sie völlig verständnislos mit sich um. Sie fragt sich nicht, warum sie so viel essen muß, sondern versucht, alles mit einer Diät »wiedergutzumachen«. Erna müßte sich mal fragen, in welchen anderen Lebensbereichen sie sich ebenso verständnislos behandelt. Sie nimmt sämtliche Schuld auf sich, nach dem Motto: Ich bin schuld, weil ich so dick geworden bin. Wenn jemand glaubt, er sei an »allem« schuld, dann schreibt er sich gleichzeitig magische Kräfte zu. Er glaubt ja, er könne so viel bewirken und verursachen. Auf jeden Fall hat Erna das Gefühl, sie müsse wiedergutmachen. Aber kann sie das überhaupt? In unserer kleinen Geschichte hat sie sich eher in eine Opferrolle hineinmanövriert. Sie will beschwichtigen, harmonisieren, ausgleichen und recht machen. An und für sich ist dagegen nichts einzuwenden, nur sollte sie es nicht zwanghaft tun und nicht nur auf ihre eigenen Kosten. Erna muß lernen, sich nicht für Dinge verantwortlich zu fühlen, die nicht in ihrer Macht stehen. Aber das muß sie erst unterscheiden lernen. An der richtigen Stelle Verantwortung übernehmen zu können und sie an anderer Stelle abzugeben, das setzt voraus, daß man seine eigene Verantwortlichkeit klar sieht und die Verantwortung der anderen Leute für sich selbst bei diesen beläßt. Dies ist ein besonders schwieriges Kapitel.

2. Man muß nicht alle Erwartungen erfüllen

Marlene sitzt in der Küche und schneidet sich die dritte Scheibe Brot ab. Eigentlich habe ich gar keinen Hunger, denkt sie. Aber sie ahnt, warum sie wieder so viel essen muß. Am Sonntag hat ihr Großvater seinen achtzigsten Geburtstag, und da soll eine große Familienfeier stattfinden. Viele Verwandte, die dort zu erwarten sind, hat Marlene jahrelang nicht mehr gesehen. Vor dem Wiedersehen hat Marlene Angst. Wenn die sehen, daß ich über zehn Pfund zugenommen habe, was werden sie sagen? Schon allein der Gedanke daran läßt Marlene die vierte Scheibe Brot abschneiden. Am liebsten würde sie nicht hingehen, obwohl sie den Großvater gerne mag und es ihr leid täte, ihn nicht zu sehen. Aber das kann ich doch nicht machen, einfach nicht hinzugehen. Außerdem hat doch die Mutter angerufen und sie gedrängt, doch schon früher als die anderen Gäste zu kommen, nämlich schon zum Mittagessen. Auf Marlenes Einwände, daß sie eigentlich am Sonntag auch gerne noch ein paar Stunden mit ihrem Freund verbracht hätte, der bei der Bundeswehr ist und den sie bestenfalls am Wochenende sehen kann, ist die Mutter nicht eingegangen. Typisch, denkt Marlene, meine Einwände zählen überhaupt nicht. Wenn meine Mutter sich in den Kopf gesetzt hat, daß ich schon zum Mittagessen kommen muß, dann soll ich das als »richtig« akzeptieren und meine eigenen Bedürfnisse und Wünsche sofort hinten anstellen. Das war schon immer so: Was ich will, zählt nicht. Marlene fühlt Wut in sich hochsteigen. Gleichzeitig hat sie ein abgrundtief schlechtes Gewissen, weil sie so ketzerische Gedanken hegt, wie sie Großvaters Geburtstag umgehen könnte. Das kannst du doch nicht machen, denkt sie bei jedem Lösungsansatz. Großvater ist bestimmt schrecklich enttäuscht, wenn du nicht kommst. Marlene ist inzwischen bei der fünften Scheibe Brot angelangt. Sie spürt einen bekannten Druck im Magen. Und die übliche Tirade der Selbstanklagen und Selbstabwertung verlagern mal wieder ihre Aufmerksamkeit auf die Tatsache, daß sie wieder zuviel gegessen hat.

Aber warum hat Marlene zuviel gegessen?

Sie möchte nicht zum Geburtstag des Großvaters gehen und dort Verwandte treffen, die auf ihre Figur anspielen könnten. Sie weiß, daß der Großvater und auch ihre Mutter enttäuscht sein werden, wenn sie nicht hingeht.

Marlene glaubt, daß der Großvater quasi ein Recht darauf hat, daß seine Enkelin zu seiner Geburtstagsfeier kommt. Wer weiß, wie lange er noch lebt, vielleicht ist es sein letzter Geburtstag. Außerdem drängt Marlenes Mutter, doch schon früher zu kommen, da Marlene hundert Kilometer bis zum Großvater zu fahren hat und sich der weite Weg eher »lohnt«, wenn sie früher kommt. Marlene kann sich dieser Logik noch nicht widersetzen, denn dazu müßte sie an ihre eigenen Rechte glauben. Sie hat das

Recht, ihre eigenen Wünsche und Bedürfnisse an die erste Stelle zu setzen – und nicht zur Geburtstagsfeier zu gehen. Dann muß sie allerdings aushalten können, wenn ihr von der Verwandtschaft bittere Vorwürfe gemacht werden. Solange sie nicht an ihre Rechte glaubt, wird sie denken, diese Vorwürfe seien berechtigt, und sich schuldig fühlen.

Marlene wagt es auch nicht, dem Großvater einen Kompromiß anzubieten. Sie könnte ihn zum Beispiel an einem anderen Wochenende besuchen. Dann hätten sie viel mehr Zeit füreinander, da nicht so viel Trubel wäre. Dann hätte sie den Großvater besucht, was sie ja eigentlich will, und gleichzeitig die Verwandtschaft umgangen. Und sie könnte den Freund mitnehmen, wenn er es möchte.

Schauen wir uns noch die Beziehung zu ihrer Mutter genauer an. Marlene wirft der Mutter insgeheim vor, daß sie ihre Einwände nicht gelten läßt. »Was ich will, zählt nicht«, denkt sie und hegt einen Groll gegen ihre Mutter. Aber was tut Marlene? Läßt sie ihre Bedürfnisse gelten? Nein, sie sagt sich: Das kannst du doch nicht machen. Wieder kommt der unausgesprochene Leitsatz zum Ausdruck: Du darfst niemandem weh tun. Du darfst niemanden enttäuschen. Aber man könnte ergänzen: Du darfst dich vollstopfen und dich quälen und dich deiner gehässigen Verwandtschaft aussetzen. Man kann erahnen, wieviel Marlene bei der Geburtstagsfeier – wenn sie dennoch hingegangen ist – gegessen hat.

Manchmal geht das Erfüllen von Erwartungen noch weiter. Eine Klientin erzählte mir, sie habe Besuch aus der DDR gehabt. Dieser Besuch war mit ihr nur indirekt verwandt, und sie hat sich gewundert (wahrscheinlich aber auch geärgert), daß diese Besucher doch nun schon öfter gekommen waren, obwohl sie sie nicht explizit eingeladen hatte. Eines Tages suchte sie ein Wollgeschäft auf, und die DDR-Besucher waren dabei. Sie wollte eigentlich nur schnell ein paar Knäuel Wolle nachkaufen und dann wieder gehen. Aber die Frau des Ehepaares, das zu Besuch war, schwärmte in den höchsten Tönen von der schönen Wolle, die es im Westen zu kaufen gibt. Meine Klientin fühlte sich dann gedrängt oder verpflichtet, ihr die Wolle zu kaufen. Hinterher ärgerte sie sich, aber sie merkte es nicht. Sie merkte nur, daß sie wieder mehr aß. Erst nach ausgiebigen Nachforschungen kamen wir darauf, daß sie sich ärgerte, weil sie sich dazu hatte verleiten lassen, unausgesprochene Erwartungen zu erfüllen. Es ärgerte sie, daß sie so zwanghaft diese Erwartungen erfüllen mußte, daß sie so gar keine Wahl hatte, nicht auf die gespürte Erwartung einzugehen.

Oft ist es sehr schwierig, überhaupt herauszufinden, wann man eine Erwartung erfüllt. Natürlich muß man oft Erwartungen erfüllen. Wenn keiner mehr Erwartungen erfüllen würde, dann würde unsere Gesellschaft zusammenbrechen. Bei Eßsüchtigen geht es darum, herauszufinden, wo sie auf *zwanghafte* Art und Weise Erwartungen erfüllen, die sie eigentlich gar nicht erfüllen möchten. Immer, wenn sie irgend etwas tun »müssen« und kurz davor viel essen, dann ist dies ein Hinweis darauf, daß man sich diese »Verpflichtungen« mal etwas genauer ansehen sollte. Es heißt nicht, daß sie, wenn man eine Erwartung an sich erkannt hat, diese nicht mehr erfüllen *dürften*. Nein, es geht darum, daß man überlegt, *warum* man glaubt, diese Erwartung erfüllen zu müssen, und warum einem das schwerfällt. Man muß herausfinden, warum jegliches Gefühl, das mit dieser Erwartung zu tun hat, mit Essen betäubt werden muß. Darf es nicht bewußt werden, daß man diese Erwartung nicht erfüllen will? Warum nicht? Was wäre anders, wenn man sich klarmachte, daß man eigentlich gar nicht will? Hier muß man zu sich selbst ehrlich sein. Ein verstärkter Eßdruck drückt unmißverständlich aus, daß etwas nicht in Ordnung ist. Und zwar mit den Gefühlen. Das heißt, die Gefühle sind in Ordnung und berechtigt, aber die Tatsache, daß man sie betäuben will, ist bedenklich. Die Gefühle sind trotzdem da und treiben ihr Unwesen im Verborgenen. Sie treiben zum Essen oder zu anderen Verhaltensweisen, wie zum Beispiel Selbstzerstörung.

Auch übermäßiges Essen ist ein Akt der Selbstzerstörung: Es macht ein der Situation angemessenes Verhalten unmöglich. Man könnte zum Beispiel einmal nein sagen und die Erwartungen nicht erfüllen. Sehen wir uns einmal an, wie dies funktionieren könnte.

Maren, eine 35jährige Sekretärin, galt als die beste Kraft ihres Chefs, und er nahm es als selbstverständlich, daß sie bis halb acht Uhr abends im Büro blieb, wenn viel zu tun war. Solange dies nur alle paar Wochen mal vorkam, war das für Maren auch kein Problem. Als nun eine Kollegin in Mutterschutz ging, übernahm Maren ihre Arbeit. Da sie ihre Arbeit gut machte, wurde es allmählich selbstverständlich, daß sie den Job der Kollegin übernahm. Ohne Mehrbezahlung oder Freizeitausgleich. Ein Ersatz wurde auch nicht eingestellt. Maren arbeitete nun fast jeden Abend bis sieben oder acht Uhr. Sie wurde immer dicker. Anstatt sich zu beschweren, hatte sie Frust und Ärger in sich hineingefressen. Als der Arbeitsumfang dann noch größer wurde und eine Gehaltsforderung Marens abgelehnt wurde, platzte ihr der Kragen. In einem Gespräch mit ihrer Freundin wurde ihr klar, daß sie sich ausnutzen ließ. Sie beschloß, weniger zu arbeiten. Zunächst ließ sie sich krankschreiben, um einmal Abstand zu bekommen. In dieser Zeit schlief sie die meiste Zeit des Tages, weil sie so erschöpft war. Dann ging sie zu ihrem Chef und schilderte ihm ihre Unzufriedenheit. Zu ihrer Überraschung hatte er Verständnis und versprach ihr, daß noch eine Kraft eingestellt werden sollte. Sie sagte ihrem Chef, daß sie zweimal in der Woche um 17 Uhr gehen müsse, da sie vom Schreiben auf der Maschine Rückenschmerzen und Nackenverspannungen bekomme und deswegen zur Krankengymnastin müsse. Bald war es selbstverständlich, daß sie zweimal in der Woche pünktlich ging. Eine neue Schreibkraft wurde eingestellt. Diese war sehr fleißig und hatte Maren bald übertroffen. Maren war nicht mehr die »beste Kraft«. Das ärgerte sie ein wenig, aber sie war auch froh, daß ihr eine Menge Arbeit abgenommen wurde. Immer öfter schaffte sie es, zwischen fünf und sechs Uhr nach Hause zu gehen. Es war ihr letztlich wichtiger, mehr Zeit zum Leben zu haben, als die unbegrenzt belastbare und zuverlässige Kraft zu sein.

Auch die Flucht in die Krankheit sei ihr hier verziehen, denn Maren muß mit der Veränderung beginnen, wo es für sie am leichtesten ist. Die Krankheit kann nur im Anfang mal kurzfristig als Grund für die Abgrenzung herhalten. Da Maren mit jeder Abgrenzung, mit jedem ausgesprochenen Nein stärker wird, kann sie auch bald dazu stehen, daß sie auch in ihrer Freizeit etwas vorhat, das ihr wichtiger ist als ihre Überstunden. Sie hat ein Recht auf ihren Feierabend. Solange sie dies selbst nicht glaubt, hat sie ein schlechtes Gewissen. Wenn sie es endlich begreift, bekommt sie einen Wutanfall, wenn ihr ihre Zeit weggenommen werden soll. Dann wird sie sich wehren.

Es dauert lange, bis man lernt, nein zu sagen. Die Abgrenzungen müssen immer und immer wieder geübt werden. Therapeutische Hilfe ist hier angebracht, da man besonders in der ersten Zeit häufig seinen eigenen Gefühlen noch nicht traut. Ein einigermaßen neutraler Gesprächspartner kann und muß einem Mut machen, seine eigene Stärke zuzulassen und seine Wut ernst zu nehmen. Ganz allmählich bekommt man dann seinen eigenen Stil und lernt, angemessen zu handeln. In jedem Falle aber muß das volle Ausmaß der Gefühle zugelassen werden, von dem ein akut Eßsüchtiger noch nicht allzu viel weiß, weil er sich mit Essen betäubt. Diese Gefühle bilden ein ungeheures Energiepotential, das positiv genutzt werden kann.

3. Wie man sich Zeit nimmt

Immer wenn mich neue Klienten anrufen und sich um einen Therapieplatz bemühen und ich ihnen eröffne, daß sie mit einer Wartezeit von circa einem Jahr rechnen müssen, ist das Entsetzen so groß, daß sie geneigt sind, sich nach anderen Möglichkeiten umzusehen. Obwohl sie teilweise schon seit zehn oder fünfzehn Jahren unter Eßanfällen leiden und zwanzig erfolglose Diäten hinter sich haben, erscheint ihnen ein Jahr Wartezeit als hoffnungslos.

Wenn ich dann gar noch meine Vorstellung, wann denn das »Gröbste« geschafft sein dürfte in der Therapie, mit zwei bis drei Jahren angebe, dann sind sie sehr erstaunt.

Es soll alles sofort klappen und dann auch noch schnell gehen. Warum hat ein Eßsüchtiger keine Zeit? Warum kann er sich keine Zeit nehmen?

Sich Zeit zu nehmen heißt, sich auf einen Entwicklungsprozeß einzulassen. Nehmen wir nochmals unser »Treppenbeispiel«, um dies zu verdeutlichen. Sich keine Zeit zu nehmen hieße, sich mit einem riesigen Satz über jeweils fünf Stufen gleichzeitig nach oben zu bewegen. Oder bei einer kleinen Treppe gleich auf die oberste Stufe zu springen. Das Ziel bei diesem Vorgehen ist klar: möglichst schnell oben sein. Wenn alles schnell gehen muß, dann ist das Ziel auch klar: möglichst schnell ein Endziel erreichen.

Eßsüchtige erzählen oft, daß sie zu wenig vom Gefühl her tun. Das heißt, man setzt sich vom Kopf her ein Ziel und stellt sich genau vor, wie es auszusehen hat. Und es sollte möglichst schnell erreicht sein.

Den Weg zum Ziel sieht man bei dieser Denkweise nur als lästiges Übel an. Daß dieser Weg zum Ziel aber der eigentlich wichtige Entwicklungsprozeß ist, das wird kaum akzeptiert. »Der Weg ist das Ziel«, so formulieren es die Chinesen. Bei uns hingegen ist »Zielstrebigkeit« etwas Positives. Wenn ich nur vorgefertigte Ziele im Kopf habe, dann ist Zielstrebigkeit auch etwas Positives. Wenn ich aber die Dinge eher auf mich zukommen lasse und für andere Zielzustände ebenfalls offen bin, dann ist Zielstrebigkeit äußerst lästig. Wenn jemand – so wie es bei Eßsüchtigen der Fall ist – ein »Alles-oder-Nichts-Schema« im Kopf hat, dann läßt er nur sein perfektionistisches »Alles« gelten, und den Rest der möglichen Ergebnisse stuft er als »Versagen« ein. Ein Mensch mit einem solchen Denkschema hat eine hohe Mißerfolgsbilanz. Denn wenn etwas nur 99prozentig ist, dann gilt es schon als nicht akzeptabel.

Schauen wir uns einmal an, wie ein kleines Kind beispielsweise das Gehen lernt. Erst nach dem Kriechen und Krabbeln fängt es an, sich hochzuziehen. Dann steht es. Allmählich wagt es, einen Fuß vom Boden zu heben und den sicheren Halt für kurze Zeit aufzugeben. Dabei hält es sich immer irgendwo fest. Dann fängt es an, sich an Möbelstücken entlangzuschieben. Irgendwann, nachdem es oft hingefallen und wieder aufgestanden ist, wagt es, einen kurzen Zwischenraum zwischen zwei Möbelstücken ohne Festhalten zu überbrücken. Wochen-, manchmal monatelang übt es unermüdlich. Kein Kind sagt sich: »So, wenn das jetzt nicht gleich klappt, dann versuche ich es nie mehr.« Ein Kind trainiert immer so lange, bis es eine neue Fähigkeit ausüben kann. Egal, wie lange das dauert. Es hat Geduld und Nachsicht mit sich. Nur wir Erwachsenen haben diese Geduld und Nachsicht mit sich selbst nicht mehr, denn man hat uns beigebracht, daß man nicht »herumspielen« soll. Man hat uns Zielstrebigkeit eingeimpft und uns klargemacht, daß die Dinge so und so und nicht anders zu sein haben. Und man hat uns beigebracht, alles dies nicht in Frage zu stellen.

Überlegen Sie einmal, wieviel Zeit es in Anspruch genommen hat, bis Sie Auto fahren konnten, bis Sie Schreibmaschine schreiben konnten oder gar bis Sie eine Fremdsprache gut gesprochen haben. Es dauerte Monate oder Jahre. Ein neues Verhalten zu erlernen dauert ebenfalls sehr lange. Dies kann ein Eßsüchtiger hauptsächlich deshalb nicht einsehen, weil er nur seine Eßanfälle als Problem betrachtet und glaubt, daß, wenn er sich zusammenreißen könnte, das Problem ganz schnell behoben wäre.

Um sich Ihrer eigenen Eile bewußt zu werden, können Sie einmal ganz bewußt Dinge langsam tun: langsam gehen, sich langsam waschen, sich langsam die Zähne putzen, langsamer Auto fahren, langsamer denken. Sie werden merken, daß Sie entweder zunehmend entspannter oder aber immer nervöser werden, wenn Sie sich nicht richtig auf die Langsamkeit einlassen wollen. Überlegen Sie einmal, was Sie sich antun, wenn Sie sich ständig zur Eile ermahnen. Das Ergebnis ist ständiger Zeitdruck, und das ist ein wichtiger Streßfaktor. In solchen Situationen neigen viele Eßsüchtige zum Essen, denn sie wollen sich dadurch wieder beruhigen. Hätten sie sich nicht so zur Eile angetrieben, dann bräuchten sie nicht das Essen als Beruhigungsmittel.

Gerade für Leute mit Eßproblemen ist es wichtig, sich Zeit für sich selbst und die eigenen Belange zu nehmen. Man muß oft einfach mal abschalten, ein Buch lesen, malen, schreiben, meditieren, oder was auch immer. Menschen mit Eßstörungen haben ein sonderliches Verhältnis zu der Zeit: Entweder sind sie gestreßt oder ihnen ist langweilig. Das heißt, sie haben entweder zu wenig Zeit oder zuviel davon. Warum fällt es ihnen schwer, gerade das richtige Maß an Zeit zu haben? Weil die Zeit nur dann mit der richtigen »Geschwindigkeit« vergeht, wenn man entspannt ist, möglichst wenig Erwartungen hegt und mit dem Augenblick zufrieden ist. Überlegen Sie einmal, wie oft Sie mit einem Augenblick ganz zufrieden sind. Leben Sie vorwiegend in der Zukunft und auf irgend etwas »hin«? Dann sollten Sie einmal eine Übung versuchen, die Sie in die Gegenwart zurückholt: Sie setzen sich hin und konzentrieren sich nur auf das, was Sie gerade wahrnehmen. Und das sagen Sie innerlich leise vor sich hin: »Jetzt höre ich die Uhr ticken, jetzt spüre ich mein Herz schlagen, jetzt juckt mein Bein« etc. Nach fünf Minuten, manchmal reichen auch schon zwei, sind Sie ganz in der Gegenwart, und Ihr innerer Rhythmus ist verlangsamt. Wenn Sie diese Übung mehrmals am Tag wiederholen und sich damit immer wieder auf den Boden der Wirklichkeit zurückholen, dann werden Sie bald merken, daß sich Ihre Wahrnehmung dahingehend verändert, daß Sie die Gegenwart wie mit der Lupe betrachten. Sie sehen, hören, riechen plötzlich Kleinigkeiten, die Ihnen sonst in der Eile des Geschehens nicht mehr bewußt werden. Kleine Kinder sind in dieser Beziehung wahre Lehrmeister. Während die Mutter mit ihrer

Einkaufsliste beschäftigt ist und ansonsten nicht viel anderes wahrnimmt, sagt dann das Kind: »Schau mal, Mama, das grüne Auto da hinten ist schön.« Die Mutter hat das grüne Auto natürlich nicht wahrgenommen.

Wenn wir uns mehr Zeit nehmen, fällt die Hektik von uns ab. Wir werden langsamer. Langsamer zu sein heißt in unserer Gesellschaft weniger produktiv und effektiv zu sein. Wenn Sie zu den Schnellarbeitern gehören, dann bedeutet Langsamkeit für Sie einen Imageverlust. Könnten Sie das verkraften? Es geht hier aber nicht darum, immer langsam zu sein, sondern vielmehr darum, die zwanghafte Schnelligkeit zu hinterfragen. Ich habe mal einen schönen Witz gelesen: Ein Amerikaner erklärt einem Besucher aus einem unterentwickelten Land die Vorzüge des Lifts. »Mit dem Lift sparen wir bei diesen vielen Treppen jedesmal zehn Minuten« erklärt er stolz.

»Und was macht ihr mit den zehn Minuten?« fragt der Mann zurück.

Es gibt noch eine schöne Geschichte, auch aus einem angeblich unterentwickelten Land: Ein paar Eingeborene werden eine größere Strecke im Auto mitgenommen. Als sie aussteigen, setzen sie sich an dem Ort nieder und warten. Als der Autofahrer am nächsten Tag wieder diese Stelle passiert, sieht er sie immer noch da sitzen. Er fragt sie, warum sie noch da sitzen. Und sie antworten: »Wir warten auf unsere Seelen. Diese sind nicht so schnell, und sie sind noch nicht angekommen.«

Achten Sie einmal darauf, wie langsam Sie sein müssen, damit Ihre Seele auch mit Ihnen ankommt.

4. Nicht mehr perfekt sein wollen

Annemarie will ihre Studienarbeit beenden. Sie hat dies lange genug hinausgeschoben, denn sie schätzt sich immer als fachlich viel zu schlecht ein, als daß sie es hätte wagen können, in die Endphase des Studiums zu gehen. Das Thema der Studienarbeit ist Goethe, ihr Lieblingsdichter. Und sie hat auch schon zwei Referate über Goethe gehalten und jedesmal eine Eins dafür bekommen. Man kann also davon ausgehen, daß Annemarie einiges über Goethe weiß. Es dauert jedoch einige Tage, bis sie sich endlich an den Schreibtisch quält. Sie ordnet ihre Papiere. Zwei Stunden sind verstrichen, der Schreibtisch ist blitzblank geräumt. Dann geht sie in die Küche, weil sie plötzlich meint, Hunger zu verspüren. Sie ißt zwei Löffel Schokoladencreme. Dann macht sie sich noch eine Tasse Tee. Nun sitzt sie wieder am Schreibtisch und könnte eigentlich anfangen. Aber sie kann es doch nicht. Sie ruft mal kurz ihre Freundin Heidi an. Heidi ist eine Kommilitonin und in derselben Situation. Das Gespräch wird doch etwas länger. Es ist wieder eine Stunde später. Noch zwei Stunden, dann kommt Georg nach Hause. Das lohnt sich ja kaum noch, denkt Annemarie. Bei diesem Gedanken fühlt sie eine merkwürdige Erleichterung, und gleichzeitg bekommt sie ein schlechtes Gewissen. Sie blättert ihre Unterlagen durch. Wann schrieb Goethe den »Faust«? War er schon 30 oder noch nicht? Sie kramt ihre Faust-Ausgabe hervor, blättert, liest mal hier, mal da. Findet viele interessante Details und vieles, was sie schon mal gewußt hatte, aber wieder vergessen hat. Sie wird immer unruhiger: »Wenn ich so vieles noch nicht weiß, dann kann ich doch noch nicht anfangen zu schreiben.« Sie geht in die Küche, wo die Schokoladencreme steht, und nimmt noch einen Löffel voll zur Stärkung. Dann liest sie weiter im Faust. Alles erscheint ihr neu und in anderem Licht. Panik und Selbstabwertung nehmen zu. Als ihr Freund Georg zwei Stunden später nach Hause kommt, findet er eine völlig panische und hektische Annemarie. »Ich weiß nichts, gar nichts«, fährt sie ihn an, als er fragt, was denn los sei. Annemarie ist ganz aufgelöst und den Tränen nahe. »Ich habe viel zu oberflächlich gelernt, und was ich mir aufgeschrieben habe, das ist nicht gründlich genug exzerpiert. Außerdem stellt der Professor ziemlich hohe Anforderungen, und ich will doch unbedingt eine Eins haben. Wenn ich keine Eins bekomme, dann komme ich nie in den Schuldienst. Die nehmen doch nur Spitzenleute.« Nun kullern die Tränen, und Annemarie läßt sich in Georgs Arme fallen. Dieser versucht sie zu trösten. »Ach weißt du, Annemarie, ob du eine Eins bekommst oder nicht, das hängt von vielen Faktoren ab, zum Beispiel auch davon, wie gut oder schlecht die anderen sind, und davon, wie der Prüfer gerade drauf ist. Du kannst zwar dein Bestes versuchen, aber die Note kannst du doch nicht bestimmen. Außerdem stimmt es nicht, daß nur Leute mit einem Einser-Examen genommen werden. Mach dich nicht verrückt. Hast du denn eigentlich heute endlich angefangen zu schreiben?«

»Nein, wieder nicht«, antwortet Annemarie, »ich schaffe es einfach nicht, anzufangen. Wie soll ich überhaupt anfangen? Alles klingt so banal«, weint sie. »Weißt du, wie die Eva das macht, wenn sie eine schwierige schriftliche Arbeit anfangen soll? Sie gießt sich ein, zwei Gläser Sekt rein, und dann ist sie nicht mehr so kritisch und schreibt einfach drauflos. Ganz mutig und manchmal absichtlich ein bißchen überzogen. Später schmeißt sie die ersten Seiten weg, weil sie nicht so gut sind. Aber der Vorteil ist, daß das Schreiben dann erstmal läuft, und die ersten Seiten sind schnell neu geschrieben, wenn man erst einmal in der Materie drin ist. Wäre das nicht auch ein guter Tip für dich?« fragt Georg schmunzelnd. »Ja«, meint Annemarie nachdenklich, »ich glaube, meine Ansprüche sind einfach zu hoch. Ich will schon einen Einser, bevor ich überhaupt das erste Wort geschrieben habe. Alles, was ich schreiben würde, wäre sowieso nicht gut genug. Eigentlich bin ich selbst meine schlimmste Kritikerin, denn ich lehne schon alles ab, bevor ich es geschrieben habe. Kein Wunder, daß ich solche Hemmungen habe, anzufangen.«»Und außerdem«, wirft Georg ein, »findest du das, was du schreibst, immer schlecht, verlangst aber von anderen, daß sie es gut finden. Entweder machst du dir und anderen etwas vor und du findest es doch nicht so schlecht, oder aber du bist doch ziemlich unlogisch. Wie kann der Professor es gut finden, wenn es aber in Wirklichkeit schlecht ist? Traust du ihm so einen schlechten Geschmack zu? Meinst du er ist so blöd?« Annemarie ist ziemlich stark betroffen. Da hat Georg recht: Sie selbst läßt kein gutes Haar an ihren Produkten und möchte aber gleichzeitig eine gute Note. Glaubt sie wirklich, daß sie so schlecht ist, oder kokettiert sie nur, um hinterher sagen zu können: »Ach Gott, das hätte ja kein Mensch erwartet, daß es so gut bewertet wird.«?

»Es wäre besser, du würdest dich auf die Sache konzentrieren, über die du schreiben möchtest, und nicht auf deine Person und auf das, was du nicht weißt«, meint Georg noch. Dann läßt er Annemarie am Schreibtisch zurück. Diese möchte nun aber wirklich anfangen. Immer wieder fragt sie sich, ob sie ihre Produkte wirklich für so schlecht hält, wie sie dies vorgibt zu tun. Mit welchem Recht beansprucht sie gute Noten? Szenen aus ihrer Kindheit fallen ihr ein. Als Kind hatte sie vor jeder Klassenarbeit ein ziemliches Theater vollführt, denn sie glaubte, daß sie nichts wisse und nichts könne. Ihre Mutter hatte sie dann getröstet, der große Bruder hatte ihr meist ein Eis gekauft, und der Vater hat ihr ebenfalls Mut zugesprochen. Wie durch ein »Wunder« sind die Klassenarbeiten eigentlich, von wenigen Ausnahmen abgesehen, immer sehr gut ausgefallen. Das ganze Drama davor war völlig unnötig gewesen. Oder doch nicht?

Es gab ihr Sicherheit. Je mehr Drama und Selbstabwertung davor, um so besser fiel die Klassenarbeit aus. Annemarie glaubt heute noch, daß, wenn sie sich zuvor selbst abwertet, jemand kommt und sie und ihr Können aufwertet. Und es kommt ja auch jemand: früher die Familie, heute der Freund Georg. Aber was für einen Aufwand an Zeit und Energie stellt so eine Panik dar. Ein Mensch, der für sich und seine Gefühle die volle Verantwortung übernimmt, würde anders vorgehen. Er würde sich selbst gut zureden und sich sagen: »Jetzt fange ich mal an zu schreiben, und dann kann ich immer noch umschreiben oder ergänzen.« Er würde sich sachliche und fachliche Fragen stellen und versuchen, inhaltlich weiterzukommen, anstatt über Noten zu grübeln.

Der zweite Punkt, über den Annemarie stolpert, ist ihr Perfektionismus. Sie glaubt, fast alles wissen und können zu müssen, bevor sie es wagen kann, etwas zu schreiben. Sie hat keinen Mut zu Wissenslücken und möchte auf jeden Fall einen guten Eindruck machen. Da sie gleichzeitig sehr kritisch ist, macht sie sich selbst alle möglichen Ansätze zunichte. Kein Wunder, daß ihr das Schreiben so schwer fällt.

Alle Eßsüchtigen sind Perfektionisten. Ich kenne keine, die es nicht ist. Dahinter steckt die Angst, nicht gut genug zu sein. Niemand darf an der Eßsüchtigen etwas finden, das er kritisieren könnte. Nur wer gar nichts macht, macht auch nichts verkehrt. Wenn ich aber etwas machen will, das keiner kritisieren kann, dann darf ich gar nichts mehr machen. Über »recht« machen und über »richtig« machen kommt man also nicht dazu, gelobt zu werden. Außerdem lernt man nicht mit Kritik umzugehen, wenn man immer nur gelobt wird, und dann wird, man immer versuchen, sie zu vermeiden, und wird immer perfektionistischer werden. Der einzige Weg aus diesem Teufelskreis ist, zu sich und zu seinen Fehlern und Eigenheiten zu stehen. Dann macht es einem zunehmend weniger aus, ob man selbst und seine Produkte jedem gefallen oder nicht.

Man muß sich fragen, warum es für uns so wichtig ist, perfekt zu sein und immer und überall einen guten Eindruck zu machen. Diese Denkungsart hat ihren Ursprung in unserer frühen Kindheit. Wir wurden für artiges, ordentliches Benehmen gelobt und für unsere »Unarten« getadelt. Die meisten Eßsüchtigen waren unerwünschte Kinder oder sollten eigentlich ein Junge sein. Das heißt, sie wurden nicht einfach bedingungslos geliebt, sondern sie konnten sich nur ein gewisses Maß an Anerkennung verdienen, wenn sie pflegeleicht und hilfreich waren. Es gibt wissenschaftliche Untersuchungen, die zeigen, daß in verschiedenen Familien, in denen ein Mitglied eßsüchtig wird, gewisse Gemeinsamkeiten herrschen: Leistungsorientiertheit, mangelnde Bereitschaft, Konflikte zu lösen, fehlende Privatsphäre, Überbehütetsein, Strenge.

Sehen wir uns genauer an, was gemeint ist:
Leistungsorientiertheit gilt besonders für Familien mit einem bulimischen Kind. Diese Familien bewerten gesellschaftlichen Erfolg und optisch gutes Aussehen sehr hoch. Dadurch gelten in diesen Familien die gerade von der Gesellschaft propagierten Werte – so eben auch Schlankheit – und Klischees als das Nonplusultra. Wehe, das Kind kann diesen Normen nicht standhalten: Spott und Verachtung sind die Folge. Da kein Kind verachtet werden will, wird es alles tun, um von den Eltern geschätzt zu werden. Es wird seine vermeintlichen Schwächen nicht mehr zeigen, sondern die Stärken hervorheben. Und wie muß ein Mädchen werden, das sich die Normen einer bestimmten Ära, so zum Beispiel die Schönheitsideale der sechziger bis achtziger Jahre, zu sehr zu Herzen nimmt? Schön und schlank sein muß sie auf jeden Fall. Das Bild der Frau in den Sechzigern war noch mehr vom Hausfrauenideal geprägt. Einen reichen Ehemann sollte sie haben, und den eroberte man nur durch gutes Aussehen. Ein Haus im Grünen mußte man haben und ein paar niedliche Kinder und natürlich alle Segnungen der modernen Technik. Auto und Waschmaschine und dann noch ein Urlaub in Italien galten als Ideale, von denen jede Frau träumte.

Ende der sechziger Jahre kam das Schönheitsideal »Twiggy« auf. Die Frauen mußten superschlank sein und richteten sich danach: Jede machte Diäten. Zum ersten Mal tauchte der Begriff Bulimie auf. Eßstörungen nahmen sprunghaft zu. Eine Frau durfte nicht mehr wie eine Frau aussehen, sondern wie ein halbwüchsiger Knabe. Die siebziger Jahre waren geprägt von der Hippie- und Protestbewegung und von der sexuellen Freiheit, deren Errungenschaften für Frauen auch nicht nur positiv zu bewerten sind. Jetzt sollten Frauen einen Beruf ausüben. Ausbildung wurde groß geschrieben. Nun reichte es nicht mehr, sich einfach einen gut verdienenden Mann zu angeln, nun mußte die Frau selbst mithalten.

In den Achtzigern hatten dann die meisten Frauen das Bildungsideal als selbstverständlich integriert und den Vorteil vom eigenen Geld als so positiv eingeschätzt, daß auch Frauen, die Kinder hatten, ihren Beruf nicht vollständig aufgeben wollten. Dann fing der Streß der Doppelbelastung an: Beruf, Kinder Haushalt. Die meiste Arbeit – vor allem im Haushalt – leisteten die Frauen. Die Superfrau war nun gefragt: eine, die Haushalt, Kinder, Beruf problemlos bewältigte und dabei ihr eigenes Geld verdiente. Der Mann wurde nun auch finanziell entlastet, dies allerdings auf Kosten der Frau.

Man sieht hier ganz deutlich, warum Eßsüchtige – wie wir gesehen haben – sich bei Normabweichungen so schnell schämen und warum sie Scham- und Schuldgefühle so schlecht aushalten können: Die Normen waren klar, eng, und über ihre Einhaltung wurde streng gewacht. Jede kleine Abweichung wurde schon geächtet. Das ruft beim Kind das Gefühl hervor: Ich bin schlecht, nicht gut genug. Die Tatsache, daß bei dieser Normenorientiertheit große *Strenge* vorherrschte, führte dazu, daß es nur entweder Weiß oder Schwarz gab. Also entweder »Norm eingehalten« oder »Versagt«. Genau dies haben alle Eßsüchtigen auf ihr Eßverhalten übertragen: Wenn ein Bissen zuviel gegessen wurde, dann »kommt es nicht mehr darauf an«, und der Freßanfall ist bereits programmiert. Auch auf die Figur werden diese extremen Norm-Wertvorstellungen übertragen. Es gibt nur schlank oder »zu dick«. Und bei »zu dick« ist das ganze Leben schon nur noch minderwertig. Selbst, wenn das Dicksein nur eingebildet ist. Eßsüchtige denken in allen Bereichen in »Alles-oder-Nichts«-Kategorien. Sie sagen eben: Entweder ich mache alles richtig, oder ich mache gar nichts.

Überbehütetsein bezieht sich auf die Art und Weise, wie in der Familie ein Weltbild vermittelt wird. Da die Familien von Eßsüchtigen (hier besonders von Magersüchtigen) sehr eng verbunden sind, vermitteln sie dem Kind, daß die Welt schlecht und die Familie aber grundsätzlich gut sei. Mädchen müssen vor der gefährlichen Welt besonders beschützt werden. Innerhalb der Familie hingegen dürfen sie fast unbegrenzt belastet werden.

Eine Frau erzählte mir, daß, als sie 12 Jahre alt war, ihre Mutter ins Krankenhaus mußte. Sie versorgte in der Zwischenzeit den gesamten Haushalt für den Vater und drei Geschwister. Alle Mühe wurde als selbstverständlich hingenommen. Als die Mutter nach fast einem Jahr wieder nach Hause kam, übernahm sie den Haushalt wieder ohne großen Kommentar oder gar Lob. Etwa ein Jahr später meinte dann die Mutter, sie müsse der Tochter allmählich zeigen, wie ein Haushalt geführt wurde, und sagte: »So, Helga, jetzt solltest du langsam mal lernen, wie man kocht. Wir wollen heute mal zusammen einen Linseneintopf machen.« Dabei hatte Helga in der Zeit, als die Mutter im Krankenhaus war, nicht nur einmal Linseneintopf gekocht. Helga war gekränkt, denn sie hatte längst unter Beweis gestellt, daß sie schon kochen und backen konnte. Draußen in der feindlichen Welt, vor der die Kinder beschützt werden sollen, sollen die Kinder (und vor allem die Mädchen) keine Selbständigkeit entwickeln. Sie sollen besonders lange bei der Mutter bleiben, weil die sie oftmals als Bundesgenossen gegen den Vater braucht. Denn die Familie, bei der nach außen hin alles in Ordnung ist, ist in ihrem Inneren nicht fähig, Konflikte zu lösen. Entweder streiten sich die Eltern pausenlos, klären aber nie sachlich ihre Standpunkte, oder aber es wird nie gestritten, und alle Aggressionen werden unter den Teppich gekehrt. Da keine Zwischentöne zugelassen werden, können auch keine differenzierten Argumente gelten und keine Standpunkte eingenommen werden. Es gibt nur gut und böse, nichts dazwischen. Und genauso wie das negative Weltbild entwickelt sich ein Selbstbild, das da lautet: Ich bin nur gut, wenn ich dünn, klug, schön und erfolgreich bin. Das heißt allerdings auch, daß es mir, wenn ich alle diese Voraussetzungen erfülle, gutgehen *muß*. So kommt es, daß eßsüchtige Frauen immer wieder durch Eßanfälle dafür sorgen, daß es ihnen nie zu gut geht. Manche Eßsüchtige, solche, die schon einmal so dünn waren, wie sie es sein wollten, ahnen, daß eben doch nicht zwangsläufig alles problemlos ist, wenn man dünn und schlank ist. Das macht ihnen angst, denn dann gerät das alte Weltbild ins Wanken. Solange man eßsüchtig ist, kann man noch glauben, daß, wenn man es schafft, dünn zu werden, das Glück sozusagen gesichert ist. Wenn diese Vorstellung als unrealistisch entlarvt wird, dann kommen die Schwierigkeiten. Die Unfähigkeit, Konflikte zu lösen, drückt sich ja auch in der Schwierigkeit aus, sich konstruktiv mit seinem Selbstbild auseinanderzusetzen. Auf jeden Fall ist es in Familien wie den oben beschriebenen sehr schwer, Individualität zu entwickeln. Denn die gegenseitige Einmischung ist allumfassend. Der Familientherapeut Helm Stierlin beschreibt diese Familien als »Haus, in dem sämtliche Zimmertüren offenstehen«. Jeder hat unbegrenzt Zugang zur Intimsphäre des anderen, so daß gar keine Intimsphäre entstehen kann. Hinzu kommt noch die Tatsache, daß in Familien, in denen jemand eßsüchtig geworden ist, die Äußerungen der einzelnen Familienmitglieder oft abgewertet werden. Das heißt, der Umgangston in diesen Familien ist nicht besonders freundlich. Man kann sich vorstellen, daß in Familien mit so festen, strengen Normen, einer nicht vorhandenen Intimsphäre und der Verurteilung jeglicher geringfügigen Abweichung Individualität nicht gedeihen kann. Wie soll sich da ein Kind zu einem lebenstüchtigen, selbständigen und mutigen Menschen entwickeln können?

Die eßsüchtige Frau muß sich also mit jenen Eigenschaften auseinandersetzen, die in der Familie tabuisiert waren. Diese »schlechten Eigenschaften« muß sie dann bei sich beobachten und sie auch zulassen. Kein Mensch entspricht nur gesellschaftlichen Klischees. Wenn man nicht mehr perfekt sein will, muß man sein Selbstbild erkennen und es langsam verändern. Dies muß wirklich langsam geschehen, denn dieser Prozeß bringt alle Gefühle an die Oberfläche, die man mit dem Drang, sich allen Normen zu unterwerfen, ja unterdrücken will: Schamgefühle, Schuldgefühle, Gefühle der Minderwertigkeit, Angst vor Versagen, Gefühle der Wertlosigkeit und die Angst, daß einen die anderen nicht mehr mögen könnten.

Wenn Sie diese Gefühle bewußt einmal riskieren und sie durchstehen, dann gewinnen Sie innere Freiheit. Auch mal »böse« sein zu dürfen erweitert das Verhaltensspektrum ungemein – und macht Spaß. Und wie groß ist die Verwunderung, wenn die anderen Leute einen viel milder beurteilen als man selbst. Aber wenn man es nicht ausprobiert, dann glaubt man es nicht.

5. Sich ohne Eßanfall besser spüren

Susanne M. hat Feierabend. Sie schleppt sich die Treppen hinauf in den fünften Stock, beladen mit einer schweren Einkaufstasche. Wenn nur diese Fresserei nicht wäre, denkt sie, dann wäre alles gut. Jetzt habe ich doch in der letzten halben Stunde wieder eine Packung Kekse und zwei Nußriegel verdrückt. Warum mache ich das nur? Ich habe doch vorhin in der Kantine gegessen und bin ja eigentlich satt. Ich werde auch immer dicker, inzwischen fällt mir ja das Treppensteigen schon schwer.

An der Wohnungstüre angekommen, stürmen ihr ihre beiden Kinder Simone und Klaus entgegen, gefolgt von dem Hund. Alle drei machen einen ohrenbetäubenden Lärm. Jetzt etwas Ruhe, denkt Susanne, das wäre das Schönste auf der Welt ... »Hallo, Mutti, wir haben dich schon kommen hören. Hast du etwas Gutes zum Essen gekauft«, ruft Simone, und die beiden Kinder klammern sich an Susannes Einkaufstasche. »Au ja, da sind ja Schokoriegel drin«, kommentiert Klaus die Einkäufe. Und die Hälfte davon ist schon aufgegessen, denkt sich Susanne, wenn der wüßte, wie unbeherrscht seine Mutter ist. »Darf ich einen essen?« fragt Klaus. »Mama, wir haben heute in der Schule Mengenlehre gehabt, und ich habe etwas nicht verstanden. Kannst du mir bei den Schulaufgaben helfen?« fragt Simone. »Laßt uns erst einmal reingehen«, meint Susanne. Drinnen sinkt sie erst einmal auf einen Stuhl. Sie hat Lust auf Kuchen. »Sagt mal, Kinder, sollen wir uns einen schönen Kakao mit Kuchen machen?« fragt Susanne. »Au ja, au ja«, erntet sie begeisterte Zustimmung. »Was gab es denn in der Schulkantine zu essen?« fragt sie. Was für ein Glück, daß die Kinder einen Platz in der Ganztagsschule bekommen haben, denkt Susanne, sonst müßte ich jetzt auch noch Essen kochen. Aber Kuchen müßte jetzt echt nicht sein. Heute kann ich nicht mehr aufhören zu essen, befürchtet Susanne. Sie schleppt sich in die Küche und stellt sich an den Herd. Simone, die ältere, deckt den Tisch. Klaus packt den Kuchen aus. Er holt sich vorsichtig die Zierkirschen vom Kuchen. »Nicht, Klaus, bitte nicht«, Susanne muß sich beherrschen. Ich muß aufpassen, wenn ich gefressen habe, werde ich sehr schnell zu streng und ungerecht und lasse meine Wut auf mein Eßverhalten an meinen Kindern aus. Nach dem Kakaotrinken besteht Simone auf Mutters Hilfe bei ihren Schulaufgaben. Es dauert ziemlich lange, bis Susanne die Mengenlehre-Aufgaben begreift. Ununterbrochen futtert sie Kekse dabei, und die Kinder greifen auch munter zu. »Die lernen auch zu fressen«, denkt Susanne schuldbewußt.

»Also nochmal, zwei ist eine Teilmenge von vier, und vier ist eine Teilmenge von acht ...«, versucht sie sich und die Kinder abzulenken. »Mama, hast du eigentlich mein rotes Kleid gewaschen? Du weißt doch, ich will es morgen anziehen, da kommt der Fotograf in die Schule«, fällt Simone plötzlich ein. »O Himmel, gut daß du mich erinnerst, das habe ich ja völlig vergessen.« Susanne springt auf und geht das rote Kleid waschen. »Mach schon mal ohne mich weiter«, ruft sie ihrer Tochter zu. »Ich bin so müde«, denkt Susanne, seit sechs Uhr bin ich auf den Beinen und habe kaum eine Minute ruhig gesessen. Der Chef war heute auch so mißmutig, ist wohl mit dem linken Fuß zuerst aufgestanden. Aber in letzter Zeit behandelt er mich sowieso so herablassend, dabei gebe ich ihm doch eigentlich keinen Anlaß zur Kritik. Nur eine Kollegin schreibt schneller als ich. Wahrscheinlich nimmt er die als Maß ...« »Mutti, Mutti, komm schnell mal her, ich glaube, der Goldhamster ist krank«, tönt es aus Klaus' Zimmer. »Kind, ich muß das Kleid waschen, ich kann jetzt nicht«, wehrt Susanne ab. »Aber wenn er doch krank ist, schau mal, er geht gar nicht mehr richtig«, ruft Klaus in Panik. Susanne stürzt zu Klaus ins Zimmer. »Ja, da hast du recht, er scheint irgendwas zu haben. Wie alt ist er jetzt?« fragt sie. »Ich habe ihn vor einem Jahr zu Weihnachten bekommen«, schluchzt Klaus. »Dann ist er fast zwei Jahre alt, das ist sehr alt für einen Goldhamster«, meint Susanne voller böser Vorahnung. »Und wenn er stirbt?« Klaus weint nun hemmungslos. »Ich hoffe nicht, daß er stirbt, mein Schatz«, sagt Susanne und nimmt ihren Sohn in die Arme. Der Goldhamster zieht die Hinterbeine nach, sieht aus wie gelähmt. Lieber Gott, laß ihn nicht sterben, wenigstens nicht in dieser Woche, betet Susanne. Sie verspricht Klaus einen neuen Goldhamster, aber dieser will keinen neuen. Zehn Minuten später geht der Hamster wieder normal. Klaus ist glücklich, aber Susanne rechnet mit seinem baldigen Tod und überlegt, daß sie für Klaus ein besonders schönes Spielzeug als Trostpflaster kaufen könnte, wenn es dann soweit ist. Sie geht ins Badezimmer zurück und wäscht das rote Kleid fertig. So, in den Trockner und fertig. Jetzt muß ich mich mal ums Abendessen kümmern, denkt sie, als sich ein Schlüssel in der Türe dreht. »Papa, Papa«, rufen die Kinder und stürzen zur Türe. Herr M. betritt die Wohnung, drückt allen einen Kuß auf die Wange. »Wie es hier wieder aussieht«, brummt er, »und was für ein Krach hier immer ist.« »Tut mir leid, ich bin noch nicht dazu gekommen, aufzuräumen«, rechtfertigt sich Susanne. »Ich mache uns jetzt erst einmal Abendbrot.« Sie verdrückt sich in die Küche. Als sie gegessen haben und die Kinder im Bett sind, käme sie zum ersten Mal an diesem Tag zum Atemholen und Nachdenken. Ihr Mann setzt sich vor den Fernseher. Sie haben sich beim Abendessen unterhalten – über seine Schwierigkeiten und Begebenheiten am Arbeitsplatz. Für Susannes Anliegen ist keine Zeit gewesen. Susanne stellt Erdnüsse und kleine Süßigkeiten auf den Couchtisch. Und sie langt zu, immer wieder. »Du wirst immer dicker«, denkt sie. »Du solltest abnehmen, vielleicht wärest du dann für ihn wieder interessanter. Wie lange haben wir eigentlich nicht mehr miteinander geschlafen? Bestimmt schon drei Wochen. Sicher bin ich ihm zu dick geworden. Es ist alles meine Schuld. Warum muß ich nur so viel essen?«

Wäre wirklich alles gut, wenn Susanne nicht essen würde? Möglicherweise würde sie ihren Alltagsstreß gar nicht aushalten ohne das Betäubungsmittel Essen. Susanne hat an vielen Stellen Schwierigkeiten. Am Arbeitsplatz hat sie undefinierte Probleme, in ihrer Ehe ist sie unzufrieden, ihre Kinder überfordern sie. Nur, sie merkt es nicht, sondern schiebt alles auf die Vorstellung, daß sie eben zu dick ist.

Wenn Eßsüchtige in Therapie sind und die Situationen, in denen sie essen, seltener werden, dann spüren sie allmählich viel deutlicher, was alles nicht stimmt. Und plötzlich werden sie von negativen Eindrücken überflutet. Dann kommt der perfektionistische Anspruch, alles möglichst sofort verändern zu müssen. Da sich ein Leben nicht sofort verändern läßt und sich die Frau auch keine Zeit lassen kann, werden dann neue Eßanfälle ausgelöst.

Die Frage, die jetzt gestellt werden muß, ist: Was ermöglichen mir meine Eßanfälle? Was ermöglicht mir meine Sucht? Susanne erreicht durch das Essen, daß sie stillhält und sich verausgabt. Sie schont alle, nur sich selbst nicht. Durch ihre Eßanfälle erreicht Susanne, daß sie nichts an ihrem Leben verändern muß. Sie muß nicht hinterfragen, ob sie das Leben in dieser Form möchte. Sie muß sich auch nicht überlegen, was sie verändern könnte, denn das würde Mühe und Kämpfe kosten.

Susanne könnte sich zum Beispiel überlegen, wie sie einmal am Tag eine Stunde einplant, die nur ihr gehört und in der sie ihre Kinder und ihr Mann nicht mit ihren Ansprüchen in Beschlag nehmen dürfen. Sie könnte einführen, daß sie sich nach dem Essen zurückzieht. Diese Stunde kann sie dann für sich nutzen und schlafen, meditieren, Briefe schreiben, lesen oder faulenzen. Ihre Kinder sind groß genug, um dies respektieren zu können. Sie müßte unbedingt den Streß in ihrem Alltag reduzieren. Dazu müßte sie einmal äußere Bedingungen verändern und zum anderen ihre grundsätzliche Einstellung überprüfen.

Welche äußeren Bedingungen könnte sie verändern?

Sie müßte sich zum Beispiel fragen, ob es zwingend notwendig ist, daß sie trotz zweier Kinder noch außerhalb des Hauses arbeitet. Es ist ein Fehler zu glauben, man könne Kinder haben, berufstätig sein und dann noch einen perfekten Haushalt führen. Irgendwo müssen Abstriche gemacht werden. Warum meint Susanne, alles allein schaffen zu müssen? Ist hier wieder eine Art von Perfektionismus am Werk? Wenn sie nicht gerade in äußerster finanzieller Not ist, dann sollte sie sich eine Hilfe für den Haushalt nehmen, wenn sie unbedingt berufstätig sein möchte. Oder sie könnte sich mit ihrem Mann absprechen, daß sie am Wochenende ein paar Stunden für sich hat, in denen der Mann sich dann um die Kinder kümmert. Vielleicht müßte Susanne auch mal wieder etwas ganz allein für sich machen. Irgend ein Hobby oder eine Gesprächsgruppe mit anderen Frauen oder etwas Ähnliches würde ihren Horizont erweitern und sie aus ihren eingefahrenen Gedanken herausreißen. Auch könnte sie ihren Mann mehr in die regelmäßige Hausarbeit einbeziehen. Hier wären unter Umständen Kämpfe auszufechten, vor denen sich Susanne möglicherweise fürchtet. Sie muß konfliktfähiger werden.

Was ihren Arbeitsplatz betrifft, so sollte sie sich ebenfalls darüber klarwerden, ob er der richtige für sie ist. Wenn er mehr Ärger als Freude mit sich bringt, dann sollte sie einen Wechsel in Erwägung ziehen.

Auch in ihre Beziehung zu ihrem Mann könnte sie frischen Wind bringen. Vielleicht sollten die beiden ein Wochenende zu zweit in einer anderen Stadt verbringen, mit viel Zeit für Gespräche und Zärtlichkeit? Je nach Art und Stärke ihrer Schwierigkeiten sollte sie sich auch nicht scheuen, professionelle Hilfe zu suchen. Eheberatungsstellen gibt es in jeder größeren Stadt.

Was sie nun im einzelnen unternimmt ist nicht so wichtig. Wichtig ist, daß sie aktiv wird und für ihre eigenen Belange eintritt. Denn wenn sie es nicht tut, dann wird es auch kein anderer für sie tun. Für die anderen Familienmitglieder ist die gut funktionierende Susanne zunächst bequemer. Auf lange Sicht ist aber eine aktive und selbstbewußte Frau und Mutter sicherlich für Mann und Kinder attraktiver, anregender und letztlich auch ein Vorbild. Denn was vermittelt eine Frau, die sich nur aufopfert und ständig gestreßt ist, ihren Kindern? Was für ein Frauenbild bekommt ihre Tochter? Würde diese so leben wollen wie ihre Mutter? Wahrscheinlich nicht.

Susanne sollte einen kritischen Blick auf ihre augenblickliche Situation werfen und sich die langfristigen Kosten ihres Verhaltens ausrechnen. Dabei sollte sie aber nicht immer nur auf die Waage schauen, wie sie es momentan tut. Es gibt eine Reihe von Irrtümern, denen Eßsüchtige oft anheimfallen: Sie denken: »Ohne meine Eßanfälle wäre alles gut« oder: »Gegen meine Eßanfälle bin ich machtlos« und: »Wenn ich dünn wäre, dann könnte ich ...« Gegen die Eßanfälle kann man sich in kleinen Schritten Macht aufbauen. Aber dies wird deutlicher an einem Beispiel. Zurück zu Susannes Situation mit ihren Kindern. Wann ißt sie in dieser Episode? Sie ist auf dem Nachhauseweg, erfahren wir. Sie müßte in sich hineinhorchen, anstatt sich Vorwürfe zu machen. Ist sie gehetzt? Hat sie keine Lust, nach Hause zu gehen, weil dort viel Arbeit auf sie wartet? Ist es reine Gewohnheit, nach dem Einkaufen erst einmal zu essen? Warum gerade Süßigkeiten? Muß sie diese heimlich essen, weil ihre Kinder es nicht mitbekommen sollen? Susanne könnte einfach mal mitten im Essen innehalten und auf ihre Gefühle achten, die sie im Begriff ist zu verdrängen. Möglicherweise würde sie zunächst nichts Besonderes spüren, und dann plötzlich könnten Situationen von ihrem

Arbeitsplatz vor ihrem geistigen Auge auftauchen. Aha, hier liegt ein unerledigtes Problem, das sie bedrückt. Susanne fühlt sich von ihrem Chef ungerecht behandelt. Sie glaubt, eine andere Schreibkraft werde vorgezogen. Ist es ein altes Problem für Susanne, daß sie sich zurückgesetzt fühlt? Sie sollte dieses Gefühl einmal zulassen und es genau erspüren: Ist es Trauer, Verzweiflung, Wut, Panik, Angst oder etwas anderes? Erinnert sie sich an Situationen aus ihrer Kindheit, in denen sie sich so fühlte? Wenn sie mit einem anderen Menschen darüber reden könnte, dann bekäme sie noch weitere Gesichtspunkte dazu und könnte ihren Standpunkt darlegen. Manchmal verändert sich ein Gefühl, wenn man darüber spricht. Sie sollte versuchen, mit ihrem Mann darüber zu sprechen oder mit einer Freundin. Und sie sollte dazu stehen, daß sie sich zurückgesetzt fühlt. Eigentlich möchte sie nicht wahrhaben, daß sie so empfindlich ist. Deshalb fängt sie an zu essen. Wenn sie erst einmal gelernt hat, im Essen innezuhalten und dem unerträglichen Gefühl, das sie verdrängen möchte, Raum zu geben, dann kann sie Gefühle immer schneller und deutlicher wahrnehmen. Erst dann wird sie sich immer mehr von diesem Gefühl erfüllt fühlen, auch wenn es unangenehm sein sollte. Für das Essen gibt es dann gar keinen Platz mehr. Die Eßanfälle werden immer mehr in den Hintergrund gedrängt. Wenn sie dann ihre Gefühle zuläßt und vor allem Wut besser spüren kann, dann kommt als nächster Schritt, daß sie anfängt, sich zu wehren.

Sehen wir uns an, warum Susanne außerdem noch zu viel ißt und welche Einstellungen damit verbunden sind, die sie verändern könnte. In unserer kleinen Geschichte am Anfang des Kapitels wollen beide Kinder pausenlos etwas von ihrer Mutter. Susanne versucht auf alles einzugehen. Das aber schafft keine Mutter unbegrenzt. Hat Susanne Schuldgefühle, weil sie arbeiten geht und ihre Kinder vernachlässigt? Will sie dies nun wiedergutmachen? Würde sie im Essen innehalten, dann könnte sie vielleicht spüren, ob ihre Gefühle in diese Richtung gehen. Sie denkt ja auch: Ich muß aufpassen, daß ich sie nicht ungerecht oder zu streng behandle, wenn ich zu viel gegessen habe. Also versucht sie bewußt, nett zu ihnen zu sein.

Aber was heißt denn »zu streng« und »ungerecht« behandeln? Sie würde lediglich ausdrücken, daß sie mit sich selbst unzufrieden ist, und ihren Kindern signalisieren: Laßt mich jetzt besser ein bißchen in Ruhe. Ich will damit nicht sagen, daß sie ihre Wut an den Kindern auslassen sollte, sondern daß sie ihren Kindern die Wahrheit sagen muß, und zwar in einer Form, die die Kinder verstehen. Wenn sie sich über ihre Gefühle, die sie auf dem Nachhauseweg verdrängt hatte, klar gewesen wäre, hätte sie sich schon Lösungsmöglichkeiten überlegen können, anstatt einfach wütend zu sein und die Wut dann mit Essen zu unterdrücken. Muß eine Mutter immer und überall für ihre Kinder bereit sein? Ich meine, daß sie auch das Recht hat, sich einmal aus dem Tagesgeschehen auszuschalten und von ihren Kindern zu fordern, daß sie eine Zeitlang selbst versuchen, mit Schularbeiten oder ähnlichen Schwierigkeiten zurechtzukommen. Susanne muß lernen, nicht sämtliche Familienprobleme als ihr Problem anzusehen. Wenn sie sich zugesteht, daß sie nicht für alles Verständnis zu haben braucht, dann bekommt sie auch innerlich mehr Freiraum. Dieser Freiraum trägt dann wesentlich zu ihrer Entspannung bei.

Nachdem nun Susanne pausenlos die Anforderungen ihrer Kinder erfüllt hat, kommt ihr Mann nach Hause und beklagt sich über die Unordnung und den Lärm. Und seine Frau entschuldigt sich auch noch dafür. Hier sieht man deutlich, welche Rolle sie spielt: Die anderen fordern, sie erfüllt diese Forderungen. Damit ist sie für ihre Familie beliebig manipulierbar. Sie lebt nach den Regeln, die die Familie aufstellt. Um dieses System zu durchschauen, wäre professionelle Hilfe eine große Erleichterung, denn man selbst schafft es nur schwer, das System mit seinen Fallen von außen zu betrachten.

Ein letzter Punkt in unserer Episode, an dem Susanne einhaken und etwas verändern müßte, ist das Gespräch mit ihrem Mann, bei dem es wieder nur um seine Anliegen geht. Susanne muß darauf bestehen, daß ihre Probleme ebenfalls besprochen werden. Die Bedürfnisse von Susanne existieren in dieser Familie einfach nicht. Keiner respektiert ihre Ansprüche, am allerwenigsten sie selbst. Die Notwendigkeit zu essen würde sich verringern, wenn sie es schaffen würde, ihre ursprünglichen Bedürfnisse zu akzeptieren.

Aber das Schlimmste an dieser mißlungenen Art von Problemlösung, wie Susanne sie betreibt, ist die Tatsache, daß sie sich selbst und ihre Gewichtszunahme für alles verantwortlich macht.

Auch Susanne gehört zu den Frauen, die sich einreden, daß einiges anders wäre, wenn sie nicht zugenommen hätten. Das ist jedoch eine Verkehrung der Tatsachen. Sie muß alle diese Dinge jetzt schon tun, und erst dann würden ihre Eßanfälle überflüssig.

Solange eine Frau Eßanfälle hat, kann sie ihre Gefühle nicht in voller Stärke wahrnehmen. Sie ist betäubt. Und was ist, wenn diese Möglichkeit, sich zu betäuben, nicht mehr besteht? Eine meiner Klientinnen ißt seit zwei Wochen normal, das heißt, sie ißt drei gesunde und sättigende Mahlzeiten und hat es geschafft, in dieser Zeit keine Eßanfälle mehr zu haben. Plötzlich wird sie jedoch von Depressionen heimgesucht, und Lebensängste tauchen in ihr auf. Als ihr eines frühen Morgens auf der Treppe eine Milchflasche aus dem Einkaufsnetz fällt und mit einem Höllenlärm zerschellt, denkt sie sich zuallererst, daß sie die Hausbewohner aufgeweckt hat und diese sich nun bestimmt beim Hauswirt beschweren werden. Sie steigert sich in diesen Gedanken dermaßen hinein, daß sie schon das Kündigungsschreiben ins Haus flattern sieht. Für ein paar Stunden ist sie völlig fertig. Dann geht sie zu einer Nachbarin und fragt schuldbewußt, ob sie sie mit dem Lärm geweckt habe. Zu ihrer großen Überraschung hatte die Nachbarin überhaupt nichts gehört. Verwirrt und beunruhigt macht sie sich wieder auf den Heimweg. Normalerweise hätte sie, nachdem sie die Milchflasche kaputtgemacht hatte, gefressen. Dann hätte sie sich selbst beschuldigt, daß sie wieder versagt habe und daß sie nun noch dicker werde. Ohne Essen fällt dies nun alles weg, und es kommen andere Gedanken der Selbstanschuldigung in ihr auf, so daß sie für Bagatellen schreckliche Strafen erwartet.

Ihre Lebensängste dringen ans Licht, jetzt, wo der Puffer Essen fällt. Jetzt heißt es standhalten und nicht mehr flüchten. Leider ist dies viel leichter gesagt als getan. Man kann sich das Standhalten erleichtern, wenn man es zunächst einfach nur schafft, das Flüchten hinauszuzögern. Konkret heißt das: Man schiebt das Essen zehn Minuten hinaus und hält zumindest in dieser Zeit das Gefühl aus, das man so gerne verdrängt hätte. Mit der Zeit kann man die Abstände zwischen dem Auftreten des Gefühls und dem Eßanfall verlängern. Eines Tages vergißt man dann das Essen, weil man zu sehr mit den hervorbrechenden Gefühlen und deren Abreaktion auf adäquatere Weise beschäftigt ist.

Bedenken Sie immer, wenn die ungefilterten Gefühle ans Licht kommen, daß es damit ungefähr so ist wie bei jemandem, der gelähmt war und der nun wieder etwas spürt: Es tut zwar weh, aber es ist ein Zeichen dafür, daß etwas fast Totes wieder zum Leben erweckt wird.

6. Aus Fehlern lernen

Margot möchte sich ein neues Sommerkleid kaufen. Sie denkt an etwas Blumiges, eng Geschnittenes, also geht sie in eine Boutique. Sie trägt Kleidergröße 40, keine Problemgröße. Margot äußert ihren Wunsch. Die sehr schlanke und durchgestylte Verkäuferin mustert sie von oben bis unten und bringt ihr dann drei Kleider zur Auswahl. Alle geblümt und mehr oder weniger auf Figur geschnitten. Margot probiert das erste an. Es sitzt wie ein Mehlsack, da es offensichtlich für eine mindestens 10 cm größere Frau entworfen wurde. »Ach Gott, wie ich aussehe!« denkt Margot entsetzt. Die Taille sitzt auf den Hüften. Die Verkäuferin kommt ungefragt in die Kabine und gibt sofort ihren Kommentar ab. »Das Kleid müßte man natürlich etwas hochschieben und dann mit Gürtel tragen«, meint sie und beginnt sofort, an Margot herumzufingern und einen Gürtel zu imitieren. »Nein«, sagt Margot, »ich glaube, ich sollte noch die anderen beiden anprobieren.« Sie fühlt sich nicht gut, denn sie betrachtet ihre Figur mit den paar Pfund Übergewicht überkritisch. Das zweite Kleid kneift in der Taille, und Margot muß pausenlos den Bauch einziehen. »Mensch, bin ich fett«, denkt Margot, »das Kleid sieht so toll aus, und ich passe nicht richtig hinein.« Wieder kommt die Verkäuferin und sprudelt gleich heraus: »Ach, das Kleid steht Ihnen aber prima. Das können Sie gut tragen.« Margot macht auf die zu enge Taille aufmerksam. Die Verkäuferin bietet ihr das Kleid eine Nummer größer an. »Größe 42? Niemals«, denkt Margot, »dann kaufe ich gar kein Kleid.« »Ich möchte lieber noch das dritte probieren«, sagt sie. Das dritte Kleid paßt zwar gut, aber der Rock ist nicht eng geschnitten, sondern weit, und Margot fühlt sich dick darin. Sie probiert noch drei Kleider an und fühlt sich in jedem zu dick. So kann ich kein Kleid kaufen, denkt sie und geht ohne Kleid aus der Boutique.

Margot ist etwas frustriert und genehmigt sich einen Café-Besuch. Ständig denkt sie an Kleid Nummer drei. »Ich hätte es doch nehmen sollen. Eigentlich hat es ja doch ganz gut ausgesehen. Und zu dick fühle ich mich sowieso. Jetzt habe ich eine Stunde vertan und doch kein Kleid gekauft. Wer weiß, ob ich anderswo ein besser passendes Kleid finde.« Gedankenlos trinkt sie ihren Kaffee. Ob ich doch noch mal zu der anderen, ganz neuen Boutique gehe? Vielleicht haben die etwas nach meinem Geschmack. Als sie das Café verläßt, hat sie beschlossen, diese Boutique noch aufzusuchen. Dort angekommen, sieht sie sich auch Blusen und Röcke an, die man zu einem Kleid kombinieren kann. »Auch nicht schlecht«, denkt sie. »Aber ich wollte ja eigentlich ein Kleid haben. Röcke und Blusen habe ich ja genug.« Wieder probiert sie einige Kleider an und findet an jedem etwas, das sie vom Zugreifen abhält. »Wie ich nur aussehe und wie fett ich geworden bin«, kritisiert sie sich und fühlt sich bei jedem Kleid noch ein bißchen schlechter. Inzwischen würde sie sich in keinem Kleid mehr gefallen. Dann zieht sie doch noch einmal eine Bluse mit dazu passendem Rock an und gefällt sich darin. »Das sieht tatsächlich doch ganz gut aus«, sagt sie sich, »wenn bei meiner Figur überhaupt etwas gut aussieht. Ich glaube, ich nehme doch Rock und Bluse.« Als die Kleidungsstücke in einer Einkaufstüte verpackt sind, fährt Margot mit der Straßenbahn nach Hause. Die gesamte Heimfahrt über macht sie sich Gedanken, ob diese Entscheidung auch richtig war. Dabei ist die Vernunft ihr einziges Kriterium für richtiges oder falsches Handeln. »Vernünftig« heißt für Margot: Wenn man schon viele Röcke und Blusen hat, dann ist es angemessen, ein Kleid zu kaufen. Außerdem ist es wichtig, möglichst preiswert zu kaufen. Margot kann ihre neuen Kleider nicht richtig genießen, da sie ständig denkt: Ach, hätte ich doch vielleicht ein Kleid nehmen sollen? Zuhause führt sie ihre neueste Errungenschaft ihrem Freund Klaus vor. Klaus mustert sie abschätzig von oben bis unten und sagt nur einen Satz: »Ein bißchen bieder, meinst du nicht?« Dieser Satz genügt, um Margot die Freude gänzlich zu verderben. Sie sieht alles plötzlich mit Klaus' Augen. Die Klamotten sind zu brav, zu »klassisch«, und sie ist viel zu dick. Sie beschließt, die Sachen zurückzubringen, zieht sie wieder aus und ißt ausgiebig zu Abend. Margot kann an diesem Abend kaum noch aufhören zu essen. Und sie fühlt sich immer schlechter. Als Klaus fragt, was denn los sei, antwortet sie: »Nichts.«

Ich habe diese Episode deshalb so ausführlich geschildert, weil man darin sehen kann, wie so ein Entscheidungsprozeß bei einer eßsüchtigen oder in anderer Weise unsicheren Frau aussehen kann. Anstatt gelassen Kleider anzuprobieren und die, die nicht angenehm sind, wegzulegen, macht Margot sich selbst und ihre Figur schlecht. Kein Wunder, daß sie sich in keinem der Kleider gefällt. Und Größe 42 kommt schon gar nicht in Frage, obwohl ihr ein Kleid in dieser Größe vielleicht genau gepaßt hätte. Sie versucht allem auszuweichen, was von ihr negativ besetzt wurde. Am liebsten hätte sie gar nicht mehr in den Spiegel gesehen.

In der nächsten Boutique hat sie zunächst noch ihr starres Schema – ein Kleid soll es sein, nichts anderes. Aber dann schafft sie es doch, davon abzuweichen und sich flexibel an die Situation anzupassen. Aber dann kommt das schlechte Gewissen: Du hast doch schon so viele Röcke und Blusen. Dazu paßt dann auch der Kommentar des Freundes: »bieder«. Sie möchte ihm aber gefallen, deshalb ist sie für ihn so leicht manipulierbar. Ihr eigener Geschmack kommt hier nicht zur Geltung, er wird von Klaus' Kommentaren geradezu weggefegt. Da sie sich nicht auf sich selbst und auf ihr ureigenes Urteil verläßt und sich an »sogenannten« Vernunftkriterien orientiert, schwankt sie in ihren Entscheidungen mit jedem neuen Argument hin und her.

Dahinter stecken mehrere Einstellungen, die sich als Irrtümer herausstellen:

Man darf keine »falschen« Entscheidungen treffen.

Man darf keine Fehler machen.

Man muß es möglichst allen Leuten recht machen.

Es ist schlimm, kritisiert zu werden.

Wenn ich jemanden mag, dann sollte ich mit ihm einer Meinung sein.

Was sind »falsche Entscheidungen«? Solche, die scheinbar unvernünftig sind? Solche, die man bald bereut? Ob eine Entscheidung falsch oder richtig ist, weiß man erst hinterher, denn die Kriterien für falsch und richtig stehen nicht immer fest. Außerdem kann auch eine vernünftige Entscheidung falsch sein. Ein Beispiel:

Elvira ist Bahnbeamtin im gehobenen Dienst. Als sie ihre Ausbildung begann, hatte sie sich auch für einen Ausbildungsplatz als Beschäftigungstherapeutin beworben. Das ist seit langem schon ihr Traumberuf. Inzwischen sind vier Jahre vergangen, und Elvira ist bei der Bahn etabliert und verdient gut. Ihr Arbeitsplatz gefällt ihr zwar nicht besonders, aber sie sieht es als Vorteil an, daß sie für ihr Geld nicht viel tun muß. Aber Elvira empfindet ihr Leben als ziemlich leer und ißt aus diesem Grund oft mehr, als ihr guttut. Nun ist an der Beschäftigungstherapeutenschule plötzlich ein Ausbildungsplatz frei. Die Finanzierung der Zweitausbildung ist bald geklärt: Elvira hat Ersparnisse, von denen sie leben könnte. Die Eltern wären bereit, ihr einen zinslosen Kredit zu geben. Elvira muß nun Vor- und Nachteile eines neuen Anfanges erwägen: Die alte Stelle bietet ihr einen guten Verdienst, Sicherheit des Arbeitsplatzes und eine gute Pension. Wenn sie mal ein Kind bekommen sollte, würde ihr der Wiedereinstieg erleichtert. Die Nachteile ihres bisherigen Berufes sind für sie: Langeweile am Arbeitsplatz, Desinteresse für ihre Tätigkeit. Die neue Ausbildung würde sie intellektuell und menschlich wieder fordern, sie würde sich weiterentwickeln. Allerdings müßte sie diese Vorteile gegen eine Reihe von Unsicherheiten tauschen, sie würde weniger Geld verdienen, und es wäre unsicher, ob sie wieder einen Arbeitsplatz bekäme, wenn sie wegen Mutterschaft ausscheiden würde. Jeder vermeintlich vernünftige Mensch würde sich wohl für den sicheren Arbeitsplatz bei der Bahn entscheiden. Aber wenn Elvira auf ihr Gefühl horcht, wenn sie an beide Möglichkeiten denkt, dann rät ihr Gefühl zu der neuen Ausbildung. Sie fühlt, daß sie in diesem Beruf persönlich wachsen könnte, hat aber große Angst vor der unsicheren finanziellen Zukunft. Wenn sie an ihren Arbeitsplatz bei der Bahn denkt, ist sie zwar beruhigt und sicher, aber sie fühlt sich dort doch wie lebendig begraben. Fast alle Freunde raten ihr dazu, in dem alten Beruf zu bleiben. Nur eine Freundin, die ebenfalls einmal aus einer sicheren Stellung ausgestiegen ist, rät ihr zu dem, was ihr Herz möchte. »Am sichersten ist man im Gefängnis«, sagt diese Freundin. »Wenn alles schon bis ins Rentenalter festgelegt ist, dann hast du ja gar keinen Platz mehr für Spontaneität, für Neuentscheidungen, für Lebendiges«, gibt diese Freundin zu bedenken. Eigentlich möchte Elvira auch so denken wie die Freundin, und wenn es ihr psychisch gutgeht, tendiert sie zur Neuausbildung und zu frischem Wind in ihrem Leben. Wenn es ihr schlechtgeht, dann glaubt sie, es sei besser, bei der Bundesbahn zu bleiben. Elvira sieht die »vernünftige« Entscheidung immer noch als die richtige an. Dennoch weiß sie, daß sie, wenn sie nicht die »unvernünftige« Entscheidung trifft, ihr ganzes Leben lang das Gefühl haben wird, etwas Wichtiges verpaßt zu haben. Ist das dann all die Sicherheit wert?

Wenn man versucht, seine Entscheidungen allein mit dem Kopf zu treffen, so wird man immer weniger Freude am Leben haben, und das macht depressiv. Auch jede Eßsüchtige muß sich irgendwann die Frage stellen, welche Ziele sie in ihrem Leben hat und welche Werte bei ihr an erster Stelle stehen. Diese Fragen stellt sich natürlich jeder Mensch und besonders jemand, der mit seinem Leben nicht zufrieden ist. Eßsüchtige sind mit ihrem Leben meist nicht zufrieden, versuchen diese Tatsache aber oft vor sich selbst zu verbergen.

Wir haben in den Geschichten der Frauen im ersten Teil des Buches gelesen, daß sie alle ihr Leben umgekrempelt haben. Viele haben Sicherheiten aufgegeben und sich »unvernünftig« verhalten. Keine von ihnen hat das bereut, und keine wünscht sich in die alte Situation zurück.

Kennen Sie das Märchen vom Hans im Glück? Hans hat zuerst einen Klumpen Gold und tauscht ihn für immer »geringere« Werte, die aber das verkörpern, was er gerade im Augenblick braucht. Zum Schluß hat er noch einen Stein, den er wegwirft. Was für ein »unvernünftiges« Verhalten. Und dennoch ist er glücklich, denn für Hans zählen andere Werte als für die meisten von uns.

Ich plädiere, wie man sich denken kann, nicht für blindwütiges, unvernünftiges Verhalten, sondern ich möchte jeden, der unter Eßanfällen leidet, dazu auffordern, sein »Vernunftverhalten« zu überprüfen. Dies gilt nur für jene Eßsüchtigen, in deren Leben das Spielen, das Vergnügen und die Spontaneität zu kurz kommen. Sie sollten sich eine Liste machen, auf der einerseits die vernünftigen Dinge und andererseits die unvernünftigen Dinge erfaßt werden. Es sollte dann bei jeder Entscheidung geprüft werden, wer im Umkreis der Betroffenen auch der Meinung ist, daß es sich um etwas Unvernünftiges handelt. Eßsüchtige müssen lernen, auf ihr Herz und seine Eingebungen zu hören. Wenn sie mehr Freude im Leben haben, werden sie auf eine Art und Weise »satt«, die Vielessen überflüssig macht. Dazu muß das strenge Normengebäude aufgelockert werden. Um dies zu erreichen, ist es unabdingbar, daß Fehler gemacht werden, daß experimentiert wird. Aus Fehlern kann man eine Menge lernen, muß jedoch auch ein gewisses Lehrgeld in Kauf nehmen.

Man kann im täglichen Leben anfangen zu experimentieren und starre Schemata aufzulockern, wenn man sich einmal beobachtet und die falschen Ideale erst einmal entdeckt. Vielleicht ißt man grundsätzlich Butterbrot zum Frühstück – dann sollte man sich mal ein Müsli machen. Oder man nimmt einmal einen anderen Weg zur Arbeitsstelle, kauft eine andere als die gewohnte Zeitschrift, geht mal in einem anderen Stadtviertel einkaufen oder besucht Läden, in denen man noch nie war. Wenn man sich pro Tag eine einzige Veränderung vornimmt, ist man nach einer Woche schon etwas gelockerter. Man muß Neues ausprobieren und auch einmal Dinge tun, vor denen man Angst hat. Auch kleine Ängste und Aufgaben, die man ungern macht, zählen dazu. Es hat keinen Sinn, etwas vor sich her zu schieben, vielmehr sollte man sich eine Liste von unangenehmen Dingen machen und drei pro Woche abhaken. Oder auch weniger, solange man nur irgend etwas tut. Wenn man bewußt viele kleine Entscheidungen trifft, so werden die großen Probleme später leichterfallen. Je größer die Überwindung ist, die die neuen Vorhaben kosten, desto besser.

7. Den Körper sättigen

Monika hat gut zu Mittag gegessen, sie ist satt. Trotzdem hat sie noch Lust auf etwas Süßes. Sie sucht in der Küche herum. In einer Dose hat sie ein paar Schokoladenplätzchen versteckt, die ißt sie alle auf. Nun ist sie eigentlich übersättigt und möchte aufhören zu essen. Aber sie ärgert sich, weil sie ohnehin schon zuviel gegessen hat. Sie weiß, daß im Schrank noch eine Tafel Schokolade ist. Die gehört Dieter, ihrem Mann. Wenn sie die gleich essen würde, dann könnte sie abends noch eine neue Tafel kaufen, und Dieter würde nichts merken. Bevor sie klar denken kann, reißt sie schon das Papier von der Schokolade und beißt davon ab wie von einem Stück Brot. Nun packen sie die Schuldgefühle. »Du bist doch sowieso schon zu dick, jetzt wirst du noch dicker.« Aber gleichzeitig ist da eine Stimme, die sagt: »Jetzt hast du sowieso schon gefressen. Da kommt es auf die Tafel Schokolade auch nicht mehr an. Jetzt kannst du auch noch mehr essen.« Monika stürzt mit der Einkaufstasche aus dem Haus. Sie kauft ein – für einen ausgiebigen Eßanfall. Auf dem Nachhauseweg ißt sie schon den Kuchen aus dem Papier. Dabei ist sie immer darauf bedacht, für ihre Umwelt so normal wie möglich zu wirken. Wenn niemand sie beobachtet, holt sie ein neues Stück heraus, schiebt es auf einmal in den Mund und leckt sich die Finger ab. Dann kaut sie unauffällig. Sie schämt sich. Zuhause schlägt sie sich die mitgebrachte Schlagsahne und ißt weitere drei Stück Kuchen. Dann ist sie so vollgegessen, daß sie sich hinlegen muß. Ihr Herz klopft bis zum Hals, und sie muß schwer atmen. Was habe ich nur wieder getan? Wenn das so weitergeht, fresse ich mich zu Tode. Monika ist am Boden zerstört. Sie schämt sich und ist verzweifelt. Irgendwann schläft sie ein. Als sie aufwacht, stellt sie sich sofort auf die Waage. Ergebnis: ein Kilo mehr.

Was hier geschildert wird, ist ein ganz »normaler« Eßanfall. Obwohl Monika körperlich satt ist, muß sie doch weiteressen. Die erste Falle, in die Monika getreten ist, wurde von den Diätaposteln aufgestellt, die sagen, »Dickmacher« seien zu meiden, während kalorienarm zu essen schlank mache. Eßsüchtige Frauen haben diesen Grundsatz so sehr in sich aufgesogen, daß sie es nicht mehr schaffen, sich nicht daran zu halten. Und weil kein Mensch sein ganzes Leben lang ohne die »Dickmacher« – die ja nur dickmachen, wenn man Unmengen davon ißt – leben möchte, muß er einen Weg finden, sie doch zu essen. Ein solcher Weg ist der Eßanfall. Dabei »darf« oder besser gesagt: »muß« alles gegessen werden, was sonst verboten ist: Schokolade, Nougat, Wurst, Eis, Erdnüsse, Pralinen. Oder hat man je von einem Freßanfall mit grünem Salat gehört? Wohl kaum. Eine solche strikte Aufteilung von sogenannten erlaubten, weil kalorienarmen, und nicht erlaubten, weil dickmachenden, Lebensmitteln hält kein Mensch auf Dauer durch. Das hat sowohl körperliche als auch seelische Ursachen. In der Diätnahrung ist ein ganzes Spektrum an Mineralien und Vitaminen (Vitamin E zum Beispiel) nicht enthalten. Ein Eßanfall ist dann ein Versuch des Körpers, sich doch noch das nötige Fett anzueignen. Eine gewisse Fettschicht braucht der weibliche Körper zum Beispiel, um sich fortpflanzen zu können. Deshalb haben sehr dünne Frauen auch keine Menstruation mehr. Darüber hinaus leidet man psychisch, wenn man sich die Nahrungsmittel versagt, die man gern ißt – und womöglich doch in irgendeiner Weise braucht. Auf dem Gebiet der Ernährung ist vieles unerforscht, und es gibt viele verschiedene Forschungsrichtungen, die mehr und minder despotisch bestimmte Nahrungsmittel verteufeln oder in den Himmel loben. Wenn eine Frau unter Eßstörungen leidet, dann ist sie besonders anfällig für strenge Richtlinien, weil sie wegen ihrer Eßanfälle und des Erbrechens Schuldgefühle hat und für alle Arten der Selbstbestrafung aufgeschlossen ist. Auch Nahrungseinschränkung kann Selbstbestrafung sein, denn Disziplin imponiert ihr, weil sie glaubt, ihre Eßanfälle seien ein Ausdruck ihrer Disziplinlosigkeit.

»Satt werden« heißt bei Eßstörungen zuerst einmal wieder zu entdecken, wann man Hunger und wann nur Appetit hat. Es geht also darum, herauszufinden, was in einer bestimmten Situation gerade schmeckt. Außerdem ist es wichtig, wieder zu lernen, wann man satt ist. Um aufhören zu können, ist Vertrauen nötig: das Vertrauen, daß man später auch noch etwas essen darf, denn sonst heißt es »jetzt oder nie«. Und dann hört man so schnell nicht mehr auf zu essen.

Die meisten Leute mit Eßanfällen brauchen erst einmal eine gewisse Nachholphase für ehemals verbotene Nahrungsmittel. Dann essen sie vielleicht vier Wochen lang nur Käsekuchen und Würstchen oder zwei Wochen lang Schokolade. Wichtig ist, daß man die Geduld mit sich selbst aufbringt und sich nicht beschimpft. Sonst setzt wieder das Anfressen gegen das schlechte Gewissen ein.

Gegen Ende der »Nachholphase« entstehen dann auch schon Gelüste auf gesündere Nahrungsmittel. Jemand entdeckt plötzlich, daß er auch ganz gern Joghurt und Äpfel ißt, wenn er sie nicht ausschließlich essen muß, sondern auch Schokolade haben könnte. Oder jemand läßt irgendwann sein geliebtes Eis stehen und ißt Salat – freiwillig. Oder jemand entdeckt, daß er kalorienarme Nahrung haßt und sich bis auf weiteres doch lieber von Pralinen ernähren will. Diese Nachholphase dauert nur eine gewisse Zeit. Je weniger Einschränkungen sich die von der Eßsucht Genesende auferlegt, desto leichter kommt sie wieder zu einem normalen, unverkrampften Eßverhalten. Wichtig ist, daß man nur bei knurrendem Magen ißt, um wieder ein Gefühl für seinen Hunger zu bekommen.

Erst wenn das Eßverhalten stabil ist und keine Eßanfälle mehr auftreten, kann man mit gesünderer Ernährung experimentieren. Dann kann gefastet oder können Körner gegessen werden. Die Sinne der Betroffenen sind dann wieder so geschärft, daß sie schnell merkt, was ihr guttut und was nicht. So sieht es aus, wenn eine Therapie problemlos verläuft. Aber es kommen unter Umständen noch Faktoren hinzu, die – zumindest in der psychologischen Literatur – bisher nicht berücksichtigt wurden und die den gesamten Stoffwechsel durcheinanderbringen können:

Nahrungsmittelallergien und Unterzuckerungen des Blutes. Wenn die Betroffene bei bestimmten Nahrungsmitteln nicht mehr aufhören kann zu essen, sollte man – so die Autorin des Buches »Die Rotationsdiät«, Dr. Anne Calatin – an eine durch eine unerkannte Nahrungsmittelallergie ausgelöste Hypoglykämie (Unterzuckerung des Blutes) denken.

Dr. Calatin sagt: »Mit Hypoglykämie kann man einige der Erscheinungen erklären, die mit der allergischen Eßsucht und dem daraus resultierenden Übergewicht verbunden sind.

Fast alles, was suchtmäßig konsumiert wird, enthält viel Zucker und/oder andere leicht abbaubare Kohlehydrate (z.B: Weißmehl) oder Drogen, die den Blutzuckerspiegel erhöhen (Koffein, Alkohol, Nikotin).

Es ist lebenswichtig für alle Körperzellen, daß der Blutzuckerspiegel (die Konzentration von Traubenzucker – Glukose – im Blut) immer auf annähernd gleicher Höhe bleibt. Der Normalwert beträgt 0,8 bis 1,2 Gramm Glukose im Liter Blut. Laufend wird Glukose als Energieträger von den Körperzellen verbraucht und durch unsere Ernährung wieder nachgeliefert. Für die ständige Einregulierung des Blutzuckerspiegels auf den Normalwert sorgt das Zusammenspiel mehrerer Hormone:

- Insulin (senkt den Blutzuckerspiegel, indem es die Aufnahme, die Speicherung und den Verbrauch der Glukose in den Zellen fördert; es fördert den Fettaufbau und hemmt den Fettabbau).
- Glukagon (macht alles umgekehrt wie das Insulin).
- Adrenalin (»Streßhormon« erhöht in Alarmsituationen den Blutzucker, fördert den Abbau von Fett).
- Kortisol (erhöht den Blutzuckerspiegel, fördert den Abbau von Fett).

Wenn Sie etwas Zuckerhaltiges essen, steigt fast sofort der Blutzuckerspiegel über den Normalwert, dadurch werden die Inselzellen der Bauchspeicheldrüse (Pankreas) angeregt, Insulin ins Blut abzugeben. Dieses schafft den überschüssigen Zucker aus dem Blut. Unter anderem wird, wohlgemerkt, daraus auch Fett aufgebaut! Wenn Sie immer wieder große Mengen Zucker essen, wird die ganze Reaktion ›überschießen‹, d.h. das gereizte Pankreas produziert zuviel Insulin, so daß der Blutzuckerspiegel unter den Normalwert fällt. Sie spüren die unangenehmen Wirkungen als Heißhunger, Schwächezustände, Schweißausbrüche, manchmal Bewußtseinstrübung und Angstzustände. Erst wenn Sie wieder Zucker oder andere Kohlehydrate zu sich nehmen (und meist dabei des Guten zuviel tun!), steigt der Spiegel, und zwar wieder über den Normalwert, und das Spiel beginnt von neuem. Durch die ständige Insulinüberproduktion wird das Pankreas im Laufe der Zeit erschöpft oder die Körperzellen werden resistent gegen Insulin und nehmen die Glukose nicht mehr genügend auf. Die Hypoglykämie geht in Diabetes über. Bei den meisten Diabetikern findet man Hypoglykämie in der Vorgeschichte der Erkrankung. Bei einer ›milderen‹ Form der Hypoglykämie ist der Blutzuckerwert meist normal, nur nach einer sehr zuckerhaltigen Mahlzeit schüttet das Pankreas zuviel Insulin aus.

Die Verbindung zwischen Allergie und Hypoglykämie könnte darin bestehen, daß durch chronische allergische Prozesse und Erschöpfung der Nebenniere die Gegenspieler des Insulins (vor allem Adrenalin und Kortisol) nicht mehr in genügender Menge zur Verfügung stehen.«[2]

Hier hat sich ein regelrechter Teufelskreis entwickelt, der eine Eigendynamik bekommen hat.

Calatin beschreibt dann ein Zustandsbild, das sie »allergische Eßgier« nennt, und sagt, daß das Hungergefühl beim Gesunden nach ein paar Bissen verschwindet. Bei der allergischen Eßgier dagegen kann das Hungergefühl bei vollem Magen auftreten. Ein eigentlich »unmögliches« Phänomen.

Calatin: »Man hat inzwischen herausgefunden, daß eine Form der ›Gehirnallergie‹ (›cerebral allergy‹) sich in einer

---

[2] Calatin, Rotationsdiät, S. 50/51

Störung des Appetitzentrums (›Appestat‹) im Hypothalamus äußert. Diese besteht aus einer Gruppe von Nervenzellen, die die Nahrungsaufnahme anregen. Sie werden gebremst durch eine benachbarte Neuronengruppe, die Informationen aus dem Körper, vom Füllungszustand des Magens und vom Blutzuckerspiegel, aufnimmt und verarbeitet. Aber gerade diese Gruppe von ›Appetitbremsern‹ wird durch allergene Stoffe außer Gefecht gesetzt, die nicht nur aus dem Essen stammen müssen. Manche Leute bekommen Anfälle von Freßsucht, wenn sie bestimmten Umweltchemikalien ausgesetzt sind: Auto- oder Heizungsabgase, Parfüms, Zigarettenrauch und viele andere.«[3]

Gegen allergische Eßanfälle kann nach Anne Calatin der sogenannte »Randolph-Cocktail«, benannt nach seinem Erfinder, schnelle Hilfe bringen: Ascorbinsäure oder synthetisches Vitamin C. Das hilft jedoch nicht in allen Fällen von Nahrungsmittelallergie, ist aber einen Versuch wert. Wenn ich selbst merke, daß ich öfter zur Erdnußschokolade greife, als mir guttut, dann wirkt ein Glas Apfel- oder Orangensaft Wunder. Der »Drang« ist sofort weg. Bei einem psychogenen Eßanfall hilft kein Vitamin C.

Problematisch ist natürlich die Kombination aus Nahrungsmittelallergien und psychogenen Eßanfällen. Leider gibt es weder Erfahrungsberichte oder Statistiken noch Literatur zu dieser Art von »Kombinations-Eßstörungen«. Die Forschung steckt hier noch in den Kinderschuhen. Um Sie nicht zu sehr zu verwirren, gehe ich im folgenden wieder ausschließlich auf die psychogenen Eßsüchtigen ein. Und ob die folgenden Punkte auf Sie zutreffen oder nicht, das können nur Sie selbst beurteilen. Wenn Sie aber den Verdacht auf »mehr« als Freßgier psychischer Herkunft haben, dann sollten Sie einen Facharzt für Allergologie aufsuchen.

Eine weitere Falle, die für viele Eßanfälle verantwortlich ist, ist die Waage. Egal, wieviel eine Eßsüchtige wiegt, es

---

[3] Calatin, Rotationsdiät, S. 54/55

ist nie wenig genug. Wenn sie zugenommen hat, dann muß sie auf jeden Fall abnehmen. Wenn sie weniger wiegt, dann muß sie noch mehr abnehmen. Für Menschen ohne Eßstörungen ist die Waage sicher ein nützliches Gerät, Eßsüchtigen hingegen raubt sie jede Unbefangenheit im Umgang mit Essen und Gewicht. Es müßte Waagen geben, die ständig das Idealgewicht anzeigen. Die guten Gefühle, die man davon bekäme, würden einen bewußter essen lassen als alle Schuldgefühle dieser Welt.

Noch ein Wort zum Thema satt sein. Die Frage, was »satt« bedeutet, kann man nicht allgemein beantworten. Manche spüren einen leichten Druck in der Magengegend, für manche ist gar nichts körperlich zu spüren, sondern sie fühlen sich einfach gut. Sicher ist, daß im Magen immer noch ein bißchen Platz ist. Es dauert längere Zeit, bis man gelernt hat, wann man satt ist. Selbstbeobachtung und Experimente sind dazu notwendig.

Gesundes Eßverhalten zeichnet sich dadurch aus, daß der Esser eigentlich nur dann ans Essen denkt, wenn er hungrig ist. Er ißt sich daraufhin satt und vergißt danach das Essen und wendet sich wichtigeren Dingen zu. Es ist ein Zeichen von gestörtem Eßverhalten, wenn man pausenlos ans Essen denkt. Das kann so aussehen, daß man überlegt, wieviel man heute schon gegessen hat, wieviel man noch essen darf und was man gestern gegessen hat und was man infolgedessen heute nicht essen darf. Diese nur ums Essen kreisenden Gedanken nehmen viel Zeit und Energie in Anspruch. Deshalb hat man, wenn die Eßzwänge allmählich verschwinden, plötzlich viel Zeit. Für manche ist diese freie Zeit und Energie ein Problem: Sie wissen nichts damit anzufangen. Plötzlich herrschen Langeweile und innere Leere. Da diese und noch viele andere Gefühle jahrelang verdrängt wurden, kann die Betroffene nicht damit umgehen.

»Plötzlich spüre ich die Traurigkeit viel stärker als früher, als ich noch eßsüchtig war«, sagte eine Klientin, »ich weine viel und schlafe dann ein. Wenn ich aufwache, geht es mir besser. Dann habe ich das Gefühl, etwas in mir habe sich geklärt, ich fühle mich stärker. Als ich mich noch vollgefressen habe, hatte ich morgens danach immer einen Kater, und es ging mir schlecht. Das Nichtessen ist zwar zunächst härter, aber wenn man es geschafft hat, zu widerstehen, dann wird man innerlich freier und souveräner.«

Plötzlich ungefiltert und ungedämpft alle seine Gefühle wahrzunehmen, das kann unerträglich bedrohlich wirken. Und doch ist es für den Heilungsprozeß unerläßlich. Nur wenn man seine Gefühle in voller Stärke wahrnimmt, bekommt man »Leidensdruck« und Kraft für eine wirkliche Veränderung. Wählt man aber das »Hilfsmittel« Essen, dann glaubt man immer, daß man die Gefühle nicht ertragen kann. Das muß man aber können, um die Kraft zu gewinnen, sein Leben zu verändern.

8. Die Seele sättigen

Anita ist an diesem Abend allein zuhause. Ihr Mann hat Spätschicht. Es ist Winter, und draußen ist es früh dunkel geworden. Anita fühlt sich allein nicht wohl in der Wohnung. Sie hat sich für diesen Abend viel vorgenommen: Bilder einkleben, einen Rest Wäsche bügeln, die Küche aufräumen und eventuell noch ein Stück am neuen Pulli weiterstricken.

Zunächst einmal macht sie sich ein Abendessen: Eier mit Spinat. Anita will – wie immer – abnehmen. Sie ißt langsam und genüßlich. Als sich die Mahlzeit dem Ende nähert, ißt sie schneller, und ihr Herz fängt an zu klopfen. »Eigentlich könnte ich ja noch die Süßigkeiten im Schrank essen«, denkt sie. »Nein, nein, nein«, ruft eine andere Stimme in ihr, »du bist sowieso schon zu dick.« Wie unter Zwang geht Anita zum Schrank und holt die Tafel Schokolade heraus. Sie setzt sich damit vor den Fernseher. Und sie ißt schnell, damit sie es sich nicht noch einmal anders überlegen kann, Stück für Stück die halbe Tafel Schokolade auf. »Mensch«, sagt sie sich, »ich will doch Bilder einkleben und aufräumen und bügeln.« Sie ißt weiter. Das Fernsehen reizt sie nicht. Sie schaltet aus. »Den Pulli möchte ich stricken«, denkt sie. Aber nein, das gibt es als Belohnung. Zuerst wird gebügelt und aufgeräumt. Sie ißt weiter. Die Tafel wird gleich gegessen sein. Anita ißt noch schneller. Sie schafft es dennoch, aufzustehen und in die Küche zu gehen. Sie fängt an aufzuräumen, aber sie fühlt sich unwohl. »Eine ganze Tafel Schokolade hast du im Magen«, sagt sie sich. »Heute wirst du nicht mehr abnehmen. Eigentlich ist es dann ja auch egal, wenn du noch mehr ißt.« Nach diesem Gedanken sieht sie sich in der Küche nur noch nach Eßbarem um. Sie findet noch ein paar Kekse. Als diese aufgegessen sind, streicht sie sich ein Marmeladenbrot. Sie fühlt sich unwohl und geht zurück zum Fernseher. Heute kann sie nicht mehr arbeiten. Sie hat sich ausgeblendet. Der Fernseher berieselt sie, aber sie bekommt nichts mehr richtig mit. Ihre Selbstvorwürfe bringen sie in Panik. Schon wieder gefressen. Schon wieder wird zugenommen. Und die Hausarbeit ist auch nicht erledigt worden. Irgendwann geht sie ins Bett und schläft sofort ein.

Anita ist eine typische Anhängerin der Lebensregel »Erst die Arbeit, dann das Vergnügen«. Wenn sie keine Arbeit erledigt hat, dann gönnt sie sich auch kein Vergnügen. Schauen wir uns Anitas Situation etwas genauer an.

Anita ist nicht gerne allein zuhause. Aber anstatt sich diesen Zustand zu versüßen, nimmt sie sich vor, die lästige Hausarbeit zu erledigen. Bei künstlichem Licht zu putzen ist zudem auch nicht besonders effektiv und noch anstrengend dazu. Das müßte Anita eigentlich wissen, aber in diesem Moment ist es ihr nicht bewußt, denn sie hört nicht auf das, was sie will, sondern nur auf ihre Vernunft.

Sie hätte den Eßanfall vielleicht noch vermeiden können, wenn sie sofort angefangen hätte zu stricken. Aber das versagt sie sich und will sich damit erst für getane Hausarbeit belohnen. Außerdem hat sie sich viel zuviel vorgenommen. Eine Aufgabe hätte gereicht. Warum ist es für Anita nicht denkbar, zuerst eine Stunde zu stricken und dann noch die Bilder einzukleben? Damit wäre es ihr dann vielleicht noch so gut gegangen, daß sie es geschafft hätte, den Abend ohne größeren Frust zu verbringen. Statt dessen hat sie keine der selbst gestellten Aufgaben verwirklicht. Selbst wenn sie sich den ganzen Abend in die Badewanne gelegt oder telefoniert hätte, wäre dies besser gewesen als zu essen. Hätte man Anita geraten, sie solle doch einfach gar nichts machen oder etwas, das ihr Spaß macht, dann hätte sie geantwortet, daß sie unbedingt die Küche aufräumen und die Wäsche bügeln muß. Niemand hätte geahnt, daß Anita dann letztlich doch keinen von den Vorsätzen verwirklicht. Solch ein starres Denken hat schon manchen Eßanfall ausgelöst. Es ist besser, sich etwas Angenehmes zu gönnen, anstatt sich mit unangenehmen Arbeiten zusätzlich zu belasten. Dann dient der Eßanfall als »Tröster« und »Ausgleich«.

Die Seele braucht Positives. Positive Gedanken oder etwas, worüber man sich freuen kann. Sie braucht auch eine schöne Umgebung und eine gute Atmosphäre. Um diese Voraussetzungen zu schaffen, lohnt es sich, sich ein bißchen Mühe zu machen. Sich die Wohnung verschönern mit neuen Topfpflanzen, neue Gardinen in freundlichen Farben oder sich eine Ecke einrichten, in der man sich ganz allein wohl fühlt, kann schon viel bewirken. Auch das Ausmisten von Kleiderschränken und Küchenschränken, Schreibtischen und Ablagen bringt Platz und Luft und nimmt etwas Druck von der Seele. Ein Strauß frischer Lieblingsblumen auf dem Tisch hebt die Stimmung noch ein bißchen. Es sind Kleinigkeiten, die sich aber in ihrer Wirkung summieren. Frauen mit Eßproblemen glauben, daß ihr Leben dann beginnen wird, wenn sie ihre Traumfigur haben. Aber dann muß alles anders werden.

In Wirklichkeit geht es darum, sich jetzt sofort kleine Inseln zu schaffen, auf denen man sich wohl fühlt. Diese Inseln sollten möglichst über den ganzen Tag verteilt werden: kleine Telefonate mit netten Menschen, ein Spaziergang, ein Bad, eine Illustrierte, ein Gang ins Kino, schöne Kleidung. Die Abstände zwischen den »Erholungsinseln«

dürfen nicht zu lang sein, sonst muß das Essen als »Insel« herhalten.

Beobachten Sie auch einmal, ob Sie vielleicht »warten«. Zum Beispiel so: Sie sind allein und haben viel Zeit. Eigentlich wollten Sie schon lange mal wieder ihr Malzeug hervorholen und den Pinsel schwingen. Dazu hätten Sie jetzt auch Lust. Aber aus irgendeinem Grund geht es nicht. Sie schaffen es nicht, anzufangen. Statt dessen blättern Sie in Zeitschriften, sehen Sie fern, essen Sie oder vertrödeln Sie die Zeit. Bald ist es dann zu spät, und es lohnt sich scheinbar nicht mehr, die Malsachen hervorzuholen. Worauf warten Sie? »Erlauben« Sie sich nicht, anzufangen? Manche Frauen haben ganz unbewußte Befürchtungen, sich in der Tätigkeit zu verlieren. Sie befürchten, sie wollten nichts anderes mehr machen, wenn sie erst einmal angefangen haben. Oder wieder andere erlauben sich nicht anzufangen, weil sie glauben, es lohne sich nur, wenn sie den ganzen Tag Zeit hätten. Wieder ein Fall von »Alles-oder-Nichts«-Denken.

Allerdings gibt es hier oft belastende Erfahrungen aus dem Elternhaus. Manche Kinder durften nicht einfach stundenlang malen, sondern mußten sich verfügbar halten. Dann wäre verständlich, wenn Sie auch heute noch auf irgend etwas warteten, ehe Sie mit Ihrer Aktivität beginnen. Sie wüßten dann ja nie, wie lange Sie sich einlassen könnten. Ich weiß von Frauen, daß sie, immer wenn sie gerade ein Buch in die Hand genommen hatten, von der Mutter gerufen wurden und für sie etwas erledigen sollten. Lesen wurde in solchen Familien als »unnötiges Vergnügen« angesehen. Und nach jahrelangem Leben in einer solchen Familie ist es dann auch kein Wunder mehr, daß man sich schon gar nicht mehr an eine längere Aktivität wagt, die Spaß macht. Ein kreatives Hobby, in dem man ganz aufgehen kann, wirkt jedoch gut gegen Eßanfälle. Und es stärkt das Selbstwertgefühl.

Wenn Sie herausfinden möchten, wie Sie Ihre Seele satt werden lassen können, dann stellen Sie sich zuerst die Frage:

Was bringt mich unter Freßdruck?
Oft sind das Zeitdruck, Anspannungen aller Art, Frustration, Ärger, verhaltene Wut, innere Leere, Langeweile.
Die nächste Frage ist:
Wie kann ich anders damit umgehen?
Wer bringt Sie unter Zeitdruck? Haben Sie Ihren Alltag schlecht organisiert? Schieben Sie alles hinaus bis zur letzten Minute? Oder haben Sie viel zuviel in Ihren Tag hineingepackt? Außer einer besseren Organisation Ihres Tages und dem Reduzieren Ihrer Termine aufs Wesentliche kann Ihnen ein Entspannungstraining helfen. Autogenes Training oder das Jacobsen-Training bietet jede Volkshochschule an. Wenn Sie sich dann gut entspannen können, könnten Sie mit Meditation weitermachen. Sie sorgt für innere Ruhe und für Kontakt mit tieferen Schichten Ihres Selbst.

Anspannungen entstehen meist, weil man sich anstrengt, besonders gut zu sein. Überlegen Sie einmal, wann und wo Sie sich besonders anspannen. Wehren Sie Überlastungen von außen ab, so gut Sie können. Natürlich wird Ihr Bild als belastbare und zuverlässige Mitarbeiterin in Mitleidenschaft gezogen. Überlegen Sie sich, was Ihnen wichtiger ist, Ihr vermeintlich guter Ruf oder Ihre Gesundheit. Entscheiden Sie sich und stehen Sie zu Ihrer Entscheidung. Es ist auch in Ordnung, wenn Sie sich zunächst noch für Ihren guten Ruf entscheiden. Man darf Entscheidungen auch wieder umwerfen. Anspannungen entstehen, wenn Sie etwas anderes sein wollen, als Sie sind: schneller, besser, kompetenter, verständnisvoller, zuverlässiger, freundlicher. Machen Sie sich klar, daß es Ihr gutes Recht ist, genauso zu sein, wie Sie sind. Sie haben ein Recht ...

– auf eigene Meinung
– darauf, nach Ihren eigenen Gefühlen zu handeln
– darauf, sich selbst zu respektieren und wahrzunehmen
– darauf, Ihre Wut gegen andere zu richten
– auf Vergnügen und Lust
– auf Bewegung
– auf Spontaneität

- auf Ihr eigenes Tempo und Ihren eigenen Rhythmus
- darauf, so zu leben, wie es für Sie angenehm ist
- darauf, keine Zeit zu haben
- darauf, an etwas nicht interessiert zu sein
- sich zu wehren
- auf Müdigkeit
- darauf, nicht zuzuhören
- auf Rückzug
- auf Faulheit
- darauf, krank zu sein und zuhause zu bleiben
- auf ein freies Wochenende und einen freien Feierabend
- auf Abstand, auf Innehalten
- auf Unentschlossenheit
- auf Unsicherheit
- auf Unzufriedenheit
- darauf, etwas nicht verstanden zu haben
- darauf, etwas nicht zu wissen
- darauf, unfreundlich und ungehalten zu sein
- darauf, nicht zu funktionieren und auszufallen
- darauf, zu schreien
- darauf, nein zu sagen
- darauf, eigenes Verhalten zu beurteilen
- darauf, Bitten abzulehnen
- Erwartungen nicht zu erfüllen
- darauf, mit jemandem nichts mehr zu tun haben zu wollen

Dies ist nur eine kleine Auswahl Ihrer Grundrechte, für deren Einhaltung Sie allerdings selbst sorgen müssen. Wenn Sie ganz und gar mit sich im Einklang leben können, dann gibt es keine Anspannung (im Sinne von Ver-Spannung) mehr. Allerdings gibt es auch eine positive Anspannung, beim Sport oder bei besonderen Leistungen zum Beispiel. Diesen Anspannungen muß dann aber wieder eine Entspannung folgen. Und wir müssen das Gefühl haben, daß sie sinnvoll und gut waren. Achten Sie auf Ihre Ver-Spannungen und wo sie herkommen. Experimentieren Sie damit, sich weniger anzustrengen. Es ist schon ein großer Fortschritt, wenn Ihnen Frustration und Ärger bewußt sind. Oft bekommt man in diesen Situationen nur einen Eßanfall und glaubt, er sei grundlos. Frustration und Ärger treten auf, wenn man benachteiligt wird, übergangen, verletzt oder mißbraucht wird. Meist werden diese Situationen noch dadurch verstärkt, daß man glaubt, kein Recht zu haben, sich zu wehren. Und genau da sollten Sie ansetzen: Wenn Sie merken, daß Sie übergangen, benachteiligt, mißbraucht oder verletzt werden, dann versuchen Sie, dies dem anderen mitzuteilen. Möglicherweise können Sie damit an der Situation nichts ändern, aber Ihr Selbstwertgefühl wird sich schnell zum Positiven verändern. Sie haben sich selbst bewiesen, daß Sie es sich wert sind, sich und Ihre Gefühle ernst zu nehmen und zu diesen Gefühlen zu stehen, egal, was der andere darüber denkt. Meist sind andere Menschen betroffen, wenn man ihnen sagt, daß man sich schlecht behandelt fühlt. Oft wissen die anderen gar nicht, wie sie sich verhalten. Die ersten paar Male, wo Sie – ungewohnterweise – Ärger mitteilen, werden Ihnen schwerfallen, weil Sie Angst vor Mißbilligung haben.

Bei der Wut gilt im wesentlichen das gleiche wie bei Frustration und Ärger. Oft ist man nicht nur auf den anderen wütend, sondern auch auf sich. Eine Frau erzählte mir einmal ein anschauliches Beispiel: Die Frau, alleinstehend mit Haus und Garten, wollte einen Baum im Garten fällen lassen. Als sie dem Nachbarn davon erzählte, bot sich dieser spontan an, den Baum zu fällen. Der Frau war einerseits etwas unwohl bei dem Gedanken, den Nachbarn mit diesen Arbeiten zu belästigen, andererseits war sie aber auch froh, daß er sich dieser Sache annahm. Der Nachbar kam, sägte den Baum um und ließ alles Holz im Garten liegen. Die Frau war zwar für die Gefälligkeit dankbar, aber auch mißmutig, weil der Baumstumpf nicht entfernt war und das ganze Holz im Garten lag. Reklamieren konnte sie nicht, im Gegenteil, sie fühlte sich zu Dankbarkeit verpflichtet. Sie aß viel, um diese widerstrebenden Gefühle nicht zu

spüren. Als wir die Situation bearbeiteten, merkten wir, welche »Regeln« hinter ihrem Verhalten steckten:
- Du mußt dankbar sein, wenn dir jemand eine Arbeit abnimmt.
- Du darfst dann keine Ansprüche stellen.
- Du darfst auch keinen Gärtner holen, denn sonst signalisierst du dem Nachbarn, daß dir seine Arbeit nicht gut genug ist.
- Auch wenn dir seine Arbeit nicht gefällt, mußt du so tun, als wärst du zufrieden.
- Du kannst froh sein, wenn dir überhaupt jemand anbietet, für dich etwas zu tun.

Die Folge davon war, daß die Frau dann teilweise selbst daran ging, das Holz kleinzuhacken und abzutransportieren, was ihr sehr lästig war. Eigentlich hätte sie lieber einen Gärtner bestellt, der dann die gesamte Arbeit erledigt hätte.

Nachdem wir über den Vorfall gesprochen hatten, beschloß die Frau, den Gärtner doch noch kommen zu lassen. Es sollte der Baumstumpf entfernt und das Holz abtransportiert werden, und sie wünschte sich außerdem, ihren Garten ein bißchen professioneller zu gestalten. Der Nachbar hatte von sich aus noch einen jungen Baum mitgebracht und ihn gleich – ihre Zustimmung voraussetzend – in ihrem Garten eingepflanzt. Auch dafür mußte sie Dankbarkeit vorgeben. Nun wurde ihr klar, was sie alles mit sich hatte machen lassen. Sie bekannte sich zu ihrer Wut und auch zu ihren Wünschen und bestellte dann den Gärtner ohne Rücksicht darauf, was der Nachbar denken könnte.

Verhaltene Wut ist oft schwer zu erkennen, weil man sie ja gar nicht bemerken oder zulassen will. Die Frau in unserem Beispiel erkannte ihre Wut erst, als sie sich sozusagen die Erlaubnis gab einzusehen, daß:
- nicht jede Hilfe eine echte Hilfe ist;
- der Nachbar vielleicht gar nicht böse ist, wenn man den Gärtner holt, weil auch er nicht so gerne Bäume fällt;
- sie sich über die eventuellen Gefühle des Nachbarn hinwegsetzen darf, weil sie in erster Linie für ihr eigenes

Leben und Wohlergehen verantwortlich ist und nicht für das Wohlergehen des Nachbarn.

Man kann also die verhaltene Wut erst dann als Wut wahrnehmen, wenn man seine eigenen Gefühle als berechtigt ansieht. Es hilft schon, wenn man sich bei Eßdruck oder bei einem Eßanfall sagt: »Egal, was du fühlst, es hat seinen Sinn.« In einem solchen wohlwollenden Klima, das Sie erst selbst schaffen müssen, setzen sich dann irgendwann die tieferen, ehrlicheren Gefühle durch. Hier kann therapeutische Hilfe viel bewirken, denn bis man allein sämtliche Erkenntnisse gemacht hat, braucht man sicher noch manchen Eßanfall.

Mit Leere und Langeweile kann alles gemeint sein, von der schweren Depression bis hin zu momentaner Lustlosigkeit. Auf keinen der beiden Zustände möchte ich hier näher eingehen, denn der erste kann nur vom Fachmann ausreichend behandelt werden, der andere ist ganz normal und überfällt jeden hin und wieder einmal. Ich möchte vielmehr den Zustand genauer betrachten, in dem ein Mensch ißt, weil er mit sich allein nichts anzufangen vermag. Hier ist Einsamkeit, äußere und innere, am Werk. Man sagt dann von sich: »Allein macht es keinen Spaß«, oder: »Ich kann mit mir nichts anfangen.« Dieser Zustand kann mit Aktivitäten überspielt werden, tritt aber sofort wieder ein, wenn man mit sich allein ist. Da heißt es näher hinsehen, mal das Essen weglassen und den Zustand aushalten. Oft kommen dann tiefe Verlassenheitsgefühle, Ängste, Panik oder Depressionen zum Vorschein. Durch Verdrängen kann man diese Gefühle zwar betäuben, aber eine Dauerlösung ist das natürlich nicht. »Erfühlen« Sie Ihre innere Leere, malen Sie sie, schreiben Sie ein Tagebuch. Gehen Sie vor wie ein Detektiv und versuchen Sie, ihren Verhaltensmustern auf die Schliche zu kommen. Halten Sie die Leere aus und beobachten sie, ob sich ihr Zustand vielleicht verändert. Weinen Sie, wenn Ihnen danach zumute ist, so wie Sie ohnehin alle Gefühle zulassen sollten. Nach einiger Zeit, die lang sein kann, entsteht fast immer ein Gefühl der Kraft. Man spürt sich selbst besser und ruht in sich. Und man ist dann ganz ruhig. Vielleicht ist auch Resignation dabei. Vielleicht hat man ja auf etwas gewartet und nun akzeptiert, daß man es nicht von außen bekommt. Das macht zwar traurig, aber nun weiß man doch auch, daß man sich selbst darum bemühen oder es in sich selbst verwirklichen muß.

Wenn die Langeweile ein Zeichen dafür sein sollte, daß in Ihrem Leben zu wenig los ist, dann sollten Sie Neues ausprobieren. Probieren Sie neue Hobbies aus, versuchen Sie, neue Leute kennenzulernen, verreisen Sie oder tun Sie etwas, was Sie seither nicht getan haben.

Die Seele braucht nicht nur Ent-Spannung und Ruhe, sondern auch Spannung, Aktivität, Lebendigkeit, um gesättigt zu werden. Beides muß so aufgeteilt sein, daß Sie sich damit wohl fühlen. Zuviel vom einen führt genauso zum Eßanfall wie zuviel vom anderen. Um für sich ein Gleichgewicht zu finden, hilft nur eines: experimentieren und eigene Erfahrungen machen.

9. Weniger Halt suchen

Mareike ist Lehrerin. Morgen soll sie eine Psychologiestunde in der Oberstufe halten. In diesem Fach fühlt sie sich etwas unsicher, folglich bereitet sie es gut vor. Das Thema soll heißen: Nonverbale Kommunikation. Mareike nimmt aus dem Buch Bilder von verschiedenen Gefühlsausdrücken und fotokopiert sie. Bestimmte Mimik und Gestik soll auf ihren Inhalt untersucht werden. Dann will sie im Vergleich dazu die Mimik von Tieren auf Bildern zeigen. Auch die Theorie soll nicht zu kurz kommen, schließlich soll es eine sinnvolle Unterrichtsstunde werden.

Ganz zum Schluß möchte sie dann die Schüler ein Spiel machen lassen, wobei jeweils zwei Schüler zusammenarbeiten und einer dem anderen nonverbal »klarmachen« soll, daß er die Sprache nicht versteht, fremd ist und ein Hotel in der Nähe des Bahnhofes sucht.

Die Schulstunde beginnt gleich chaotisch. Ein Schüler hat seinen Hund mitgebracht, und die ganze Klasse kümmert sich um ihn und tollt mit ihm durchs Klassenzimmer. Mareike kann sich kaum Ruhe verschaffen. Sie möchte ihre Unterrichtsstunde halten, wie sie sie vorbereitet hat. Der Lärmpegel ist hoch, der Hund immer noch Mittelpunkt. Mareike versucht, ihn zu ignorieren. Sie teilt ihre Blätter mit den gefühlsbeladenen Gesichtsausdrücken aus und möchte nun von den Schülern hören, welche Gefühle ausgedrückt werden. Die Schüler äffen die Gesichter nach und lachen und unterhalten sich untereinander. Mareike hält an ihrer Vorbereitung fest, in der Hoffnung, die würde ihr Halt geben. Sie erteilt Verweise, ermahnt zur Aufmerksamkeit. Als der theoretische Teil »dran« ist, ist der Lärmpegel so hoch, daß sie kaum ihr eigenes Wort versteht. Und zu der spielerischen Übung am Schluß bleibt gar keine Zeit mehr. Mareike verläßt gestreßt das Klassenzimmer und fragt sich, ob sie als Lehrerin tauglich ist. Auf dem Nachhauseweg kauft sie sich drei Stück Kuchen und ahnt schon, was kommen wird: ein Eßanfall.

Ingelore, ebenfalls Lehrerin, möchte auch eine Unterrichtsstunde über nonverbale Kommunikation halten. Lassen wir sie dieselbe Situation mit derselben Klasse durchspielen, wie Mareike sie erlebt hat.

Ingelore bereitet sich mit denselben Materialien vor. Sie möchte den Schülern etwas bieten und versucht sich in deren Lage hineinzuversetzen. Sie hat vor, die Schüler sämtliche Gefühlsausdrücke selbst nachvollziehen zu lassen, und dann sollen sie versuchen, die Gefühle dabei zu erspüren. Dies wird viel Zeit in Anspruch nehmen, sagt sich Ingelore, aber die Schüler haben für sich selbst mehr davon, als wenn sie sich nur die Bilder anschauen, denn Erfahrung ist immer besser als nur Anschauung. Theorie möchte sie auch bieten, aber nur wenn Zeit bleibt. Und natürlich das Spiel mit der Hotelsuche ohne Worte. Dieses soll nicht erst am Schluß stehen.

Die Schulstunde fängt chaotisch an. Der mitgebrachte Hund tobt durchs Klassenzimmer. Ingelore mahnt zur Ruhe. Als sie sich Gehör verschaffen kann, sagt sie: »Das heutige Thema heißt nonverbale Kommunikation, also Ausdruck ohne Worte. Schaut doch mal den Hund an und versucht herauszubekommen, was er durch seine Mimik und sein Verhalten ausdrückt.« Der Lärmpegel ist zwar noch hoch, aber die Schüler beobachten nun den Hund. Nach fünf Minuten sammelt Ingelore die Beobachtungen an der Tafel. Fast alle machen mit, und es gibt eine angeregte Diskussion in der Klasse, was nun Pfotenstellung, Körperhaltung und Schwanzstellung ausdrücken. Bald ist die halbe Stunde um. Ingelores Vorbereitungen sind bisher noch nicht zum Tragen gekommen, aber sie hat viele wichtige Punkte der nonverbalen Kommunikation angeschnitten. Dann läßt sie die Mimik und Gestik auf den Fotos nachahmen. Die Aufmerksamkeit ist ziemlich hoch, aber auch der Hund bekommt noch viel Aufmerksamkeit. Die Vergleiche mit Tieren kommen aus aktuellem Anlaß gut an. In der letzten halben Stunde besteht Ingelore auf dem Spiel »Hotelsuche«. Die Schüler haben viel Spaß daran. Am Ende der Stunde hat Ingelore das Gefühl, daß es ein gelungener Unterricht war. Das nächste Mal würden die Schüler bei so viel praktischem Erfahren auch für die Theorie aufgeschlossener sein.

Was unterscheidet unsere beiden Lehrerinnen? Mareike sucht Halt in ihrem Vorbereitungskonzept und versucht es ohne Rücksicht auf die reale Situation durchzuarbeiten. Ingelore geht auf die unvorhergesehenen Ereignisse ein und nutzt sie als Anschauungsmaterial für ihren Unterricht. Mit diesem Einstieg kann sie auch zu ihren vorbereiteten Inhalten überleiten. Kurzfristig entscheidet sie sich dafür, die Theorie wegzulassen.

Mareike bekam schnell Angst und Panik, als die Dinge nicht so verliefen, wie sie sich das vorgestellt hatte. Ingelore nahm das Unvorhergesehene als gegeben und versuchte, das Beste daraus zu machen. Mareike hatte Angst davor, nicht ausreichend vorbereitet zu sein, während Ingelore Vertrauen hatte, daß ihr im entscheidenden Moment das Richtige einfallen würde. Angst versus Vertrauen entscheidet, ob man Halt findet. Wenn man Angst hat, sucht man nach Sicherheit, nach Garantien und festen Strukturen, man will ein festgelegtes Ziel erreichen.

Bleiben wir noch ein bißchen bei unseren beiden Lehrerinnen. Das Vorbereitungskonzept gibt Halt. Man kann sich daran festhalten, man ist gerüstet, um eine Unterrichtssituation zu bestehen. Hier geht es jedoch auch wieder darum, daß man bestehende Vorstellungen unverändert lassen will. Natürlich fürchtet man alles Unvorhergesehene, Unkontrollierte und Neue um so mehr, denn dann kann man vielleicht nicht mehr bestehen. Deshalb stülpt man sein Konzept davon, wie eine Situation verlaufen sollte, allen Beteiligten auf und ist froh, wenn alles vorüber ist.

Mit einem flexiblen Konzept kann man sich auch auf veränderte Situationen einlassen. Man muß dann genau beobachten und auf kleine Signale reagieren. Das kann natürlich nicht gelingen, wenn man nur sein Unterrichtskonzept im Kopf hat. Vielleicht ist man dann gar nicht mehr so sicher, sondern kann selbst etwas dazulernen. Wenn man so handelt, dann ist man nicht mehr an einem Endziel orientiert, sondern an dem Prozeß dorthin.

Es fällt auf, daß die Begriffe, die mit Halt zu tun haben, oft das Wort »stehen« enthalten. Halt impliziert, daß etwas fest »steht«. Und nicht flexibel ist. Halt heißt stopp zum Lebensfluß. Es wird »fest-gehalten« und »aufrecht-erhalten«. *Halt* nimmt die Angst. Die Angst wovor? Die Angst vor dem Leben, vor dem Ungewissen, dem Unvorhersehbaren. Wie sagte Alexis Sorbas? »Leben heißt, den Gürtel enger schnallen und die Gefahr suchen.« Leuten, die Halt suchen, fällt höchstens dazu ein: Wer die Gefahr sucht, kommt darin um. Meist kommt aber etwas anderes in der Gefahr um: die Vorurteile, die feste Meinung, was richtig und was falsch ist.

Unsicherheit kann also auch einen positiven Sinn haben. Man wird offener und weniger festgefahren, man läßt Veränderungen zu. Man öffnet sich neuen Erfahrungen, weil man Neues dazu lernt. Man läßt zu, daß man nicht gleich perfekt ist, sondern seine Vorstellungen auch einmal korrigieren muß. Perfektion ist statisch und damit letztlich langweilig. Es gibt eine Reihe von Mechanismen, die uns Halt geben. Im folgenden wollen wir sie näher untersuchen.

Haltgeber Loyalität

Loyalität hat viele positive Seiten, wird aber fraglich, wenn man anderen gegenüber loyaler ist als sich selbst gegenüber. Bei Eßsüchtigen ist dies meist so. Die wahrgenommenen Bedürfnisse aller anderen sind meist wichtiger als die eigenen. Die Unfähigkeit, nein zu sagen und Bitten abzuschlagen, macht einen zwangsläufig anderen gegenüber loyal. Diese Art der Loyalität ist jedoch nicht so selbstlos, wie sie auf den ersten Blick aussieht. Man möchte sich durch sie Liebe, Anerkennung und Wohlverhalten der anderen erkaufen. Man glaubt sogar, dann ein Recht auf das Wohlverhalten des anderen zu haben. Deshalb sind viele Eßsüchtige so empfindlich und leicht beleidigt, wenn andere sich ihnen gegenüber nicht in der gewünschten Art und Weise verhalten, denn sie meinen mit ihrer Loyalität schon sozusagen im voraus bezahlt zu haben, und nun werden sie um die Gegenleistung betrogen.

Ein Beispiel: Marie ist Studentin und lebt in einer Wohngemeinschaft mit zwei anderen Frauen. Die eine Frau bittet Marie, ihr eine Kiste Sprudel mitzubringen, da Marie ein Auto hat und eben im Begriff ist, in die Stadt zu fahren. Marie paßt es eigentlich nicht, jetzt noch zum Supermarkt fahren zu müssen, aber sie erklärt sich trotzdem dazu bereit. Die Fahrt in die Stadt ist sehr anstrengend, da viel Verkehr ist und mehrere Baustellen auf dem Weg liegen. In der Stadt muß Marie sich ziemlich beeilen, denn der Supermarkt schließt um halb sieben, und er liegt etwas außerhalb der Stadt. Marie hat selbst noch nicht alles erledigt, was sie erledigen wollte, und eilt im Feierabendverkehr zum Supermarkt, als ob die versprochene Sprudelkiste der wichtigste Posten auf ihrer Liste wäre. Marie schleppt dann die Kiste vier Treppen hoch in die Wohnung. Auf das »Danke schön« der Mitbewohnerin kann sie nur noch brummig antworten. Sie fühlt sich ausgenutzt.

Als dieselbe Mitbewohnerin eine Woche später ein paar Freundinnen zum Essen einlädt und Marie keine Einladung erhält, ist sie sehr verärgert und beschließt, nie mehr etwas für die andere einzukaufen. Sie spricht ihren Ärger nicht aus, sondern ist tagelang einsilbig und schlecht gelaunt. Auf die Frage der anderen, was denn los sei, antwortet sie nur: »Nichts.«

Man sieht hier deutlich, wie Marie die Loyalitäten verteilt: Die Sprudelkiste der Nachbarin ist wichtiger als ihre eigenen Angelegenheiten. Das hat die Nachbarin sicherlich nicht gewollt. Wahrscheinlich hat sie auch nicht gewollt, daß Marie die Kiste vier Stockwerke hochträgt, denn das hätte sie durchaus selbst besorgen können. Marie wollte es hundertfünfzigprozentig recht machen, und ihre Erwartungen an die Mitbewohnerin wurden entsprechend hochgeschraubt: Nun muß sie mich auch »mögen« und auch mir einen Gefallen tun. Das war Marie allerdings nicht bewußt. Sie spürte nur eine tiefe Kränkung, als sie nicht eingeladen wurde. Sie glaubte, sie hätte ein Recht auf die Einladung. Auf diese Art und Weise machen sich alle Eßsüchtigen das Leben schwer und rechnen vor allem bei Menschen, die ihnen wichtig sind, immer wieder »Soll und Haben« auf.

Das kann im Extremfall so weit gehen, daß jemand schon gar nicht mehr weiß, was er selbst will, und ihn dies auch gar nicht mehr interessiert, denn er erfüllt nur noch die Erwartungen von anderen. Man lebt nicht mehr sein eigenes Leben, sondern ist nur noch gefügig und macht, was die anderen wollen. Die Gegenleistung dafür soll sein, daß die anderen ihm gegenüber loyal sind. Also: Wenn ich abends nicht weggehe, dann mußt du auch »fairerweise« zuhause bleiben. Viele Eheprobleme resultieren aus dieser Art, alles aufzurechnen. Man glaubt, dadurch seine Umwelt kontrollieren und steuern zu können. Das kann jedoch nur funktionieren, solange sich die Umwelt an die Gesetze unseres Systems hält.

Marie hätte gleich nein sagen müssen, oder aber sie hätte sich nicht darauf festlegen sollen, daß sie es auf alle Fälle noch schafft, den Sprudel mitzubringen. Hätte sie sich auf ihre eigenen Erledigungen konzentriert, dann wäre sie zufriedener nach Hause gekommen. Später dann hätte es sie wahrscheinlich nicht gestört, daß die Mitbewohnerin mit ihren Freundinnen allein essen wollte. Sie hätte es als deren gutes Recht angesehen.

Aber nur dann, wenn man seine eigenen Bedürfnisse als wohlverdientes Recht ansieht, kann man dies auch bei anderen tun.

Fragen Sie sich einmal, ob Sie wirklich davon abhängig sind, daß die anderen Sie als hilfsbereit ansehen. Ihre Leistungen werden vielleicht höher bewertet, wenn sie nicht so selbstverständlich erbracht werden.

Achten Sie mehr darauf, ob Sie einem anderen Menschen wirklich einen Gefallen tun wollen, oder ob Sie nur einen guten Eindruck machen möchten. Natürlich dürfen Sie weiterhin hilfsbereit sein, aber Sie sollten auch die Kosten der Hilfsbereitschaft erkennen und sich überlegen, ob Sie die jeweils auf sich nehmen möchten. Sie dürfen auch nein sagen.

Haltgeber Vernunft

Sind Sie vernünftig? Sehen Sie Vernunft als etwas uneingeschränkt Positives an? Für die meisten Leute sind Verhaltensweisen »vernünftig«, die:
– den Besitzstand wahren
– an gesellschaftliche Normen angepaßt sind
– den Nachbarn gefallen
– zu Anerkennung von außen führen
– Sicherheit geben
– Stabilität geben.

Ist es vernünftig, seine Stelle als Beamter aufzugeben

und Freiberufler zu werden? Ist es unvernünftig, in Urlaub zu fahren, anstatt seine Küche zu renovieren? Ist es unvernünftig, neue Klamotten zu kaufen, anstatt für sein Haus zu sparen? Wem nutzen »vernünftige« Verhaltensweisen? Doch nur einer Gesellschaft, die vermeintlich vernünftige Lebensziele für ihre Mitglieder hat. Erst die Arbeit, dann das Vergnügen, sagt man sich, aber dann sorgt man dafür, daß die Arbeit nicht ausgeht, so daß man nie zum Vergnügen kommt.

Viele Eßsüchtige leben so ein Leben, denn sie kommen aus Familien, in denen die Vernunft das Wichtigste war. Da war wenig Lebenslust, da wurde nichts riskiert, nichts genossen und nicht gespielt. Das Essen als einziges Vergnügen wurde noch häufig genug rationiert. Kein Wunder, daß Frauen aus solchen Familien nachholbedürftig sind. Sie durften nicht aus dem Vollen leben, spielen, lieben, spontan sein, frech sein, Neues ausleben, neue Erfahrungen machen.

Frauen mit Eßanfällen, die das Prinzip Vernunft zu stark verinnerlicht haben, bekamen natürlich durch dieses Prinzip auch Halt. Sie hatten klare Lebensregeln, auch wenn diese zu eng gefaßt waren. Ein Eßanfall bringt dann aber die Angst vor der Haltlosigkeit, vor der endlosen Gier, mit sich. Er zwingt einen, einmal unvernünftige Seiten an sich zu betrachten. Um dieses System zu durchbrechen, muß man sich mit noch mehr unvernünftigen Verhaltensweisen auseinandersetzen. Man muß chaotisch sein, unkontrolliert, unorganisiert, irrational, unzuverlässig, unsicher, unbeherrscht und unberechenbar.

Wer sich mit seiner unvernünftigen, seiner verrückten Seite auseinandersetzt und auch ganz allmählich solche Impulse zuläßt und auslebt, wird eine andere Lebensqualität kennenlernen. Er lebt seine Bedürfnisse mehr aus und jene Eßanfälle, die auf das Konto Vernunft gehen, werden überflüssig.

Haltgeber Stabilität

Martina hat das Gefühl, ihr Leben laufe an ihr vorbei. Ihren Arbeitsplatz haßt sie, ihr Freund Klaus ist nicht der Richtige für sie, Bekannte und Freunde hat sie fast nicht mehr, da sie an ihrem Arbeitsplatz zeitlich zu stark belastet wird und fast keine Freizeit mehr hat. Sie ist nun 35 Jahre alt und weiß nicht so recht, ob sie noch Kinder bekommen soll oder nicht. Aber die Aussicht, noch dreißig Jahre in ihrer Firma zu bleiben, macht ihr auch keine Freude. Oft träumt sie davon, einen anderen Mann kennenzulernen, mit dem sie neu anfangen könnte. Dann bekommt sie Schuldgefühle Klaus gegenüber, weil er ja doch ganz nett ist und sie ja eigentlich keinen Grund hat, ihn zu verlassen. Sie erlaubt sich nicht, die Beziehung mit Klaus zu beenden. Sie erlaubt sich auch nicht, ihren Arbeitsplatz zu wechseln, denn sie glaubt, sie könne keinen neuen Arbeitsplatz finden, weil sie zu dick sei. Auch einen neuen Mann wird sie mit ihrer Figur nicht finden können. Aus Frustration ißt sie noch mehr, wird noch dicker, und ihre Chancen werden – wie sie meint – noch geringer. Dieser Teufelskreis macht es Martina unmöglich, ihr Leben zu ändern. Sie möchte keinerlei Sicherheit aufgeben und keinerlei Preis für eine Veränderung bezahlen.

Sie sagt sich dann, daß sie, wenn sie schlank wäre, Mann und Arbeitsplatz wechseln würde. Aber sie sorgt gleichzeitig dafür, daß sie dick bleibt.

Stabile Verhältnisse geben Halt. Wenn diese Verhältnisse sehr unbefriedigend sind, dann spürt man ganz deutlich, wie sehr Halt auch Behinderung bedeutet. Diese stabilen Verhältnisse sind Gefängnisse, in denen es sich zwar sicher überleben läßt, die das Leben aber nicht reich und eigentlich lebenswert machen. Wenn Sie noch ein einziges Jahr zu leben hätten, würden Sie es so fortsetzen, wie es momentan ist? Nein? Dann ist es an der Zeit, sich etwas anderes zu überlegen. Es ist an der Zeit, daß Sie in Ihrem Leben die Weichen anders stellen. Sie müssen Entscheidungen fällen. Aber Sie haben natürlich Angst vor dem

Neuen oder davor, hinterher schlechter dazustehen als jetzt. Ohne Partner und arbeitslos zu sein. Wäre das so schlimm? Sie müßten dann lernen, mit sich allein wieder klarzukommen. Sie hätten eine Menge Zeit, nachzudenken, was Sie in Ihrem Leben wollen, und Sie hätten Zeit, verschiedenes auszuprobieren. Entscheidungen müssen reifen, und diese Zeit sollten Sie sich auch nehmen. Holen Sie sich professionellen Rat, lassen Sie sich vom Arbeitsamt über berufliche Alternativen beraten, sprechen Sie mit positiv eingestellten Menschen, die auch ihr Leben veränderten und aus stabilen Verhältnissen ausgestiegen sind. Lesen Sie Biografien von Frauen und Männern, die den Mut hatten, ihre Träume auszuleben. Und träumen Sie – mit offenen Augen –, und malen Sie sich viele Möglichkeiten konkret aus. Das Bedürfnis nach Veränderung wird immer stärker werden, und dann werden Sie eines Tages eine Entscheidung treffen. Lernen Sie auch dies, indem Sie mit kleinen Entscheidungen anfangen: Ihren Kleiderschrank aussortieren, zur Kosmetikerin gehen, neue Klamotten kaufen, Bitten abschlagen, Neues ausprobieren. Lesen Sie aufbauende Bücher. Ich habe am Ende des Buches hilfreiche Bücher zusammengestellt. Diese Bücher sollen Ihnen Mut machen, Ihr Leben zu erweitern. Vielleicht könnten Sie auch gleichgesinnte Menschen über eine Zeitungsannonce finden. Experimentieren Sie mit Ihrer Angst. Wenn Sie größere Entscheidungen gegen die Meinung Ihrer Umwelt treffen, dann macht das Angst, und die müssen Sie aushalten lernen. Jede Frau, die ihren Partner verläßt, muß diese Angst aushalten. Jede, die ihren Job aufgibt und noch keinen neuen hat, muß diese Angst aushalten. Jeder, der sich selbständig macht, muß lernen, diese Angst auszuhalten. Wer das kann, wird aus diesem Prozeß sehr gestärkt hervorgehen.

»Wer etwas losläßt, hat zwei Hände frei«, lautet ein Spruch. Man muß ihn aber ergänzen: »Aber man muß es aushalten, zunächst mit leeren Händen dazustehen.«

Haltgeber Stereotypen

Mit Stereotypen meine ich alle Vorstellungen, Einstellungen, festen Meinungen, Grundsätze und Prinzipien, von denen man glaubt, nicht abrücken zu können. Alle Vorstellungen davon, wie die Dinge und die Menschen und die Welt sein »sollten«. Dies führt zu Fixierungen, die einem nicht guttun. Erinnern Sie sich noch an Franziska aus den Interviews? Sie war darauf fixiert, einen Arzt zu heiraten. Das hat ihr viel Leid und manche schmerzliche Erfahrung eingebracht. Nur mit dem Kopf sein Leben bestimmen wollen heißt oft, sich zu verrennen.

Natürlich hat jeder Mensch Vorstellungen, Einstellungen, Meinungen, und es sucht auch jeder Mensch irgendwo Halt. Vorsorge für Notzeiten ist in gewissem Umfang schon gerechtfertigt. Aber eben nur in gewissem Umfang. Jedes Zuviel davon ist lebensfeindlich. Wo das Zuviel bei Ihnen anfängt, spüren Sie dann, wenn Sie merken, daß Sie vor lauter Pflichten kaum noch Muße haben. Aber es gibt noch mehr Stereotypen, nämlich sämtliche eingefahrenen Verhaltensweisen. Diese bilden wiederum ein riesiges Spektrum, und ich werde lediglich einige anführen, die ich besonders häufig bei Frauen mit Eßstörungen beobachtet habe.

Da kann man zunächst einmal das einseitige Essen nennen. Das Repertoire von Nahrungsmitteln ist sehr klein. Bei akut Eßsüchtigen, so haben wir schon gesehen, tritt ohnehin die Spaltung in erlaubte und unerlaubte Lebensmittel anstelle einer ausgewogenen und abwechslungsreichen Ernährung ein. Aber auch die »erlaubten« Lebensmittel sind meist begrenzt und beziehen sich auf Nahrungsmittel, deren Kalorienzahl bekannt ist. Hier gilt es Neues auszuprobieren und zu experimentieren.

Ebenso ist es bei Reaktionen anderer gegenüber. Oft sind Eßsüchtige zwanghaft freundlich, anstatt sich der Situation angemessen zu verhalten. Sie neigen dazu, den anderen etwas vorzuspielen.

Warum können sie das nicht einfach abstellen? Weil sie

Angst haben, in Ungnade zu fallen und nicht mehr geliebt zu werden. Was mit stereotypen Verhaltensweisen immer erreicht wird, das ist die Vermeidung eines offenen Konfliktes. Wäre man plötzlich desinteressiert, lustlos, verständnislos, egoistisch, dann wäre man wahrscheinlich auch nicht mehr so beliebt. Leider weiß so ein nützlicher Mensch auch nie, ob ihn die Leute nicht doch nur wegen seiner Nützlichkeit »lieben«. Er riskiert lieber nicht, die Probe aufs Exempel zu machen. Aber das Leben wäre soviel einfacher, wenn jeder in seinem persönlichen Umgang ehrlicher wäre. Neulich erzählte mir eine Frau, daß sie über Ostern sehr im Streß gewesen sei und jeden Tag Besuch gehabt habe. An dem einzigen Tag, an dem sie sich hätte etwas ausruhen können, glaubte sie dann, die Nachbarn einladen zu müssen. Als der Tag der Einladung kam, war sie völlig erledigt von den ganzen Besuchern und Vorbereitungen der vorherigen Tage und hätte die Nachbarn am liebsten wieder ausgeladen. Der Nachbar kam dann schon nachmittags herüber und erzählte, daß seine Frau eine aufkommende Erkältung habe und er und die Kinder sich auch nicht wohl fühlen. Am liebsten würden sie nicht zum Fondue erscheinen, aber sie hätten ja doch schon zugesagt und würden selbstverständlich doch kommen. Leider hat es die Frau nicht geschafft, an dieser Stelle ehrlich zu sein und die Nachbarn von sich aus auszuladen. Und so fand das gemeinsame Essen statt – unter großen Opfern von allen Seiten. Es hätte nicht sein müssen. Mit etwas mehr Mut hätten sämtliche Beteiligten einen streßfreien, erholsamen Tag erleben können.

Zum Schluß möchte ich noch etwas erwähnen, das den meisten Frauen mit Eßproblemen Halt gibt: das Fett. Das Fett schützt vor Sexualität und davor, sexuell bedrängt zu werden. Dies sind die Bereiche, in denen große Ängste der eßkranken Frauen liegen. Der Schutz vor sexuellen Erfahrungen gibt Halt. Die Frage, was wäre, wenn ich bei einem anderen Mann neue sexuelle Erfahrungen machen würde und meine Beziehung gestört würde, stellt sich für die meisten erst gar nicht. Man sollte die Rolle des Fettes als

Schutz vor Neuem, Unberechenbarem nicht unterschätzen. Machen sie eine Liste: Wenn ich dünn wäre, dann ... und suchen Sie zwanzig Satzergänzungen. Alles, was Sie dann machen würden – löst es nicht auch Angst aus? Es ist Zeit, sich damit auseinanderzusetzen.

10. Handeln, vertrauen und sich freuen

Waren Sie schon einmal im »Wu-Wei«? Und haben Sie dabei einen Eßanfall gehabt? Wie, Sie wissen nicht, was das Wu-Wei ist? Lesen Sie die beiden Geschichten, und vielleicht kommt Ihnen einiges bekannt vor.

Nicht im Wu-Wei (defizitmotiviert)

Sie sind in Urlaub gefahren. Das Wetter ist schön, und auch das Meer könnte zum Baden reizen – aber Sie können es nicht so recht genießen. Sie fühlen sich einsam und suchen Kontakt. Sie träumen von einem romantischen Flirt, malen sich in Ihrer Phantasie ständig Ihren Angebeteten aus. Da kommt ein Tourist auf Sie zu und bittet Sie um Feuer für eine Zigarette. Sie geben ihm kurz Feuer, sind aber relativ unfreundlich und abweisend – denn dieser Mann entspricht nun gar nicht Ihren Vorstellungen. Er geht wieder, und Sie sind ein weiteres Mal enttäuscht. Sollten sich Ihre Träume nie verwirklichen? Am Abend gehen Sie ins Strandcafé zum Tanz. Da fordert sie doch tatsächlich dieser nette Mann zum Tanzen auf, den sie schon länger bemerkt und bewundert haben. Er ist ein leidenschaftlicher Tänzer, aber es scheint mit der Harmonie zwischen Ihnen beiden nicht ganz zu klappen. Da Sie sich nun endlich in Nähe Ihres erträumten Zieles wähnen, beginnen Sie auf etwas gekünstelte Weise zu flirten und etwas vorzuspielen. Sie tun alles, um ihm zu gefallen, schaffen dadurch eine etwas klebrig anhaftende Atmosphäre – und das Tanzen bringt nur den halben Spaß. Ihr Partner scheint unbefriedigt und verabredet sich nicht mit Ihnen. Sie setzen sich unzufrieden an Ihren Tisch, sind wieder enttäuscht, mißmutig und fragen sich, ob mit Ihnen etwas nicht in Ordnung ist[4].

Im Wu-Wei (seinsmotiviert)

Sie sind in Urlaub, liegen am Strand und genießen den Blick auf das Meer. Sie sind glücklich und zufrieden. Sie haben Zeit, brauchen sich keine Sorgen zu machen und haben alle Gedanken an die Zukunft vergessen. Sie schwimmen, laufen am Strand und genießen die Sonne. Ihnen kommt die Idee, mit Sand und Wasser eine kleine Skulptur zu bauen, und Sie gehen ganz in Ihrer künstlerischen Arbeit auf und erinnern sich einmal kurz, daß Sie so mit vier oder fünf Jahren waren. Da kommt ein Strandnachbar und bittet Sie um Feuer. Da Sie nichts Besseres oder Schlechteres zu tun haben, rauchen Sie zusammen mit ihm eine Zigarette. Sie erfahren dabei von Ihrem Gesprächspartner interessante Dinge über den Urlaubsort, und Ihre Freude und Entspannung scheint durch den Kontakt mit ihm, der ebenso glücklich und urlaubsfreudig ist wie Sie, noch verdoppelt zu werden. Nach einer Stunde verabschieden Sie sich und freuen sich über diesen schönen Kontakt, der Ihren Nachmittag bereichert hat. Abends gehen Sie ins Strandcafé zum Tanz – und da Sie furchtbar gerne tanzen, lassen Sie kaum einen Tanz aus. Sie machen dabei neue, liebe Bekanntschaften, und zeitweilig kommt es Ihnen beim Tanzen so vor, als ob Sie schweben und sich von innen heraus wie von selbst bewegen. Sie sind so eins mit Ihrem Körper und Ihren Bewegungen, daß Sie alles andere darüber vergessen. Ebenso eins mit allem, was Sie tun, sind Sie im weiteren Verlauf des Abends und Ihres Urlaubs – jede Minute wird voll ausgekostet und gelebt[5].

---

[4] leicht abgewandelt aus: Schwäbisch/Siems, Selbstentfaltung, S. 128
[5] leicht abgewandelt aus: Schwäbisch/Siems, Selbstentfaltung, S. 129

Vielleicht haben Sie diesen Zustand, den die altchinesische Tao-Philosophie Wu-Wei nennt, schon einmal – wenn auch für kurze Zeit – bei sich selbst erlebt. Wu-Wei ist ein »Zustand des Einsseins mit den eigenen inneren Prozessen und den Prozessen der Umwelt. Der Mensch im ›Wu-Wei‹ geht mit der ›Energie‹, besitzt in seinem Leben kaum Reibung oder Widerstand. Er ist aktiv und passiv zugleich. Er läßt geschehen und handelt dennoch aktiv.«[6] Wenn man immer im Wu-Wei sein könnte, dann sähe die Welt für einen anders aus. Würde es einen dann bekümmern, ob man dick oder dünn ist? Wohl kaum.

Sehen wir uns die Unterschiede zwischen den beiden Zuständen mal etwas genauer an. Wer nicht im Wu-Wei ist, ist »defizitmotiviert«, das heißt, er fühlt einen Mangel, der sich in einem Gefühl der Unzufriedenheit äußert. Es drängt einen, sich in der Welt um einen herum Befriedigung zu suchen. Auch Eßanfälle sind ein Ausdruck der Defizitmotiviertheit.

Sie haben »Hunger«, aber nicht nach Essen, sondern eher nach »Leben«, nach Liebe, nach Anerkennung, nach Abwechslung, nach Geborgenheit. Natürlich glauben Sie, daß man das alles in der äußerlichen Welt findet, ohne dafür den Preis der Selbstverleugnung und der Anpassung zahlen zu müssen. Leider halten diese äußerlichen Befriedigungen nicht lange vor, Sie werden bald wieder einen neuen Anstoß brauchen. Es bleiben aber der Hunger und das Gefühl der Unzufriedenheit. Dies wird bei Eßsüchtigen in die Vorstellung abgelenkt, daß alles anders aussehen würde, wenn man nur dünn wäre.

Innere Zufriedenheit oder Seinsmotiviertheit, wie es hier genannt wird, entsteht aber nicht durch äußerliche Reichtümer, eine gute Figur, Schönheit oder Macht. Man ist aber bereits auf dem Weg zur inneren Zufriedenheit, wenn man versucht, zu erlernen und umzusetzen, was ich in den neun Schritten beschrieben habe. Wer es geschafft hat, ein we-

---

[6] Schwäbisch/Siems, Selbstentfaltung, S. 127

nig Geduld mit sich zu haben, und nicht mehr meint, jede Erwartung erfüllen zu müssen, die von außen an ihn herangetragen wird, wer sich Zeit lassen kann, sich nicht mehr unter Druck setzt, nicht mehr perfekt sein muß, der kann auch Fehler als Lernschritte betrachten, wird positiver denken und mit sich und seinem Leben zufriedener sein, ohne ein einziges Gramm abgenommen zu haben.

In unserer ersten Wu-Wei-Geschichte hatte die Frau ein ganz bestimmtes Bild im Kopf, wie der Urlaub und insbesondere ihr Urlaubsflirt auszusehen hatte. Sie nahm nur die Abweichungen davon wahr und mußte natürlich unzufrieden sein. Die Protagonistin der zweiten Geschichte freute sich an allem, was sie vorfand, und war dankbar dafür. Es geht also im wesentlichen um die Gegensätze von Unzufriedenheit und Freude. Aber nicht nur Freude und Dankbarkeit kennzeichnen den Zustand des Wu-Wei. Es sind auch Gefühle des In-sich-Ruhens, das Gefühl des Ganzseins und der Fähigkeit, sich ganz und gar in den Augenblick zu vertiefen. Wie ist es denn, wenn Sie Dinge tun, die Ihnen Spaß machen? Essen Sie dann auch nebenbei? Manche Leute essen dann sozusagen, um das Gute noch positiver und noch schöner zu machen. Wenn Sie nicht zu diesen Lebenskünstlern gehören, dann ist es sehr wahrscheinlich so, daß Sie das Essen vergessen, wenn Sie etwas tun, worin Sie sich völlig vertiefen.

Diese Handlungen, bei denen man Raum und Zeit vorübergehend vergißt und völlig in seinem Tun aufgeht, nennt der amerikanische Psychologe Czikszentmihalyi ein »Flow-Erlebnis«. In seinem gleichnamigen Buch läßt er einen Komponisten, der ein solches Erlebnis beim Komponieren hatte, berichten:

»›Man ist selbst in so einem ekstatischen Zustand, daß man sich beinahe inexistent fühlt. Ich habe dies immer wieder erlebt. Meine Hand scheint mir nicht zu gehören, und ich habe nichts mit dem zu tun, was geschieht. Ich sitze einfach da, voller Ehrfurcht und Bewunderung, und schaue dem Geschehen zu ... Und es fließt einfach wie von selbst heraus.‹ Und ein Schachspieler sagt: ›Die Zeit vergeht hundertmal schneller. In diesem Sinne ist es wie ein Traum. Eine ganze Geschichte kann sich in Sekunden entfalten, so scheint es einem. Der Körper existiert nicht – obwohl das Herz in Wahrheit wie wild pumpt, um das Gehirn mit Blut zu versorgen.‹«[7]

Als weitere Merkmale des »Flow-Erlebnisses« nennt Czikszentmihalyi, daß man Handlungen und Umwelt unter Kontrolle hat. Diese Kontrolle ist jedoch ganz selbstverständlich und nicht vom Denken her bestimmt. Dieser Zustand hat viel mit Souveränität zu tun, mit innerer Sicherheit. Ein Tänzer berichtet: »Eine große Entspannung und Ruhe kommt über mich. Ich sorge mich nicht um Erfolg und Mißerfolg. Was für ein kraftvolles und warmes Gefühl das ist! Ich möchte mich dann ausdehnen, die Welt umarmen. Ich fühle eine enorme Kraft in mir, etwas Erhabenes und Schönes zustande zu bringen.«[8]

In solchen positiven Momenten fühlt man sich dem Leben absolut gewachsen und spürt ein ganz natürliches Selbstvertrauen, eine Vitalität und so etwas wie ein Überlegenheitsgefühl. Man kann dieses Gefühl nicht mit dem Willen herstellen. Je weniger Willen vorhanden ist, desto größer ist die Chance, daß es sich von selbst einstellt. Streß oder Zeitdruck verhindern den »Flow« ebenso wie alles Abwägen, Vergleichen und jede Zielstrebigkeit. Der Flow-Zustand stellt sich vorzugsweise bei spielerischen Tätigkeiten ein, beim Sport, beim Malen, Musizieren, beim Tanzen, beim Bergsteigen – also bei Tätigkeiten, die zunächst nicht dem reinen Nutzdenken unterworfen sind. Gerade Eßsüchtige haben oft Schwierigkeiten, sich längere Zeit sogenannten »sinnlosen« Beschäftigungen hinzugeben, da sie immer vernünftig handeln wollen und so viele Dinge zur Perfektion treiben müssen. Natürlich kann man nicht pausenlos im Wu-Wei oder im Flow-Zustand sein, aber man kann seine Fähigkeit, diesen Zustand zu erreichen,

---

[7] Czikszentmihalyi, das Flow-Erlebnis, S. 68
[8] Czikszentmihalyi, Das Flow-Erlebnis, S. 69

verstärken. Meditation ist eine gute Methode, denn sie erhöht, wenn sie regelmäßig durchgeführt wird, das Grundvertrauen in sich selbst und führt zur inneren Entspannung. Ausgeglichenheit, Gelassenheit, größere Engagiertheit bei gleichzeitiger innerer Distanz, das Gefühl der Geborgenheit und gar das Gefühl, mit der ganzen Welt verbunden zu sein, kann man auf diese Weise erfahren.

Wenn man nun als Erwachsener wieder lernen möchte, sich ganz unbefangen mit etwas zu beschäftigen, dann gehört viel Disziplin dazu, bei einer scheinbar sinnlosen Tätigkeit zu verweilen, obwohl die Küche nicht aufgeräumt oder noch nichts eingekauft worden ist. Wie gesagt, schaffen Sie sich kleine Inseln im Alltag, Zeitpunkte, zu denen Sie bewußt Dinge tun, die Ihnen Spaß machen. Sie werden sich sehr daran gewöhnen und diese Inseln schließlich nicht mehr missen wollen. In einer Untersuchung von Czikszentmihalyi darüber, was passiert, wenn man Menschen ihre Flow-Erlebnisse eine gewisse Zeit entzieht, heißt es: »Wer alles nichtinstrumentelle Verhalten einstellt, fühlt sich müde, schläfrig, weniger gesund und angespannter. Es tritt vermehrt Kopfweh auf. Man beurteilt sich selber unter solchen Bedingungen schlecht und fühlt sich vor allem weniger kreativ und vernünftig. Die spontane kreative Leistung nimmt ab. Die Alltagsgeschäfte werden mühseliger empfunden; es treten dabei Reizbarkeit, Konzentrationsschwäche, Niedergeschlagenheit und das Gefühl auf, eine Maschine geworden zu sein.« Das heißt, daß die kleinen Zeiträume der freien Entfaltung mehr Kraft und Energie spenden, als sie kosten.

Unser zehnter Schritt heißt »Handeln, vertrauen und sich freuen«. Dieser Schritt kann nicht so einfach beschrieben werden wie die neun vorherigen, denn er besteht eigentlich aus vielen Schritten. Wie man sich freuen kann, haben wir bereits gesehen. Was aber heißt »handeln und vertrauen«?

Dazu muß ich etwas weiter ausholen. In meiner Arbeit mit Eßsüchtigen mit den unterschiedlichsten Problembildern fiel mir immer wieder auf, daß es bestimmte Lebens-

umstände gab, die den Therapieerfolg verzögerten oder sogar unmöglich machten. Die Eßanfälle – das zeigte sich immer sehr schnell – halfen dabei, diese Lebensumstände aufrechtzuerhalten. Die Angst vor wesentlichen Veränderungen ist bei den meisten Menschen sehr groß, aber bei Menschen mit Eßstörungen wächst sie ins Unkontrollierbare. Lebensumstände, die eine Genesung behindern können, sind:
– eine noch starke psychische Abhängigkeit von einem destruktiven Elternhaus
– Einsamkeit
– Inzesterfahrungen in Kindheit oder Jugend
– Unzufriedenheit im Beruf
– eine problematische Partnerschaft.

»Handeln und vertrauen« bedeutet, den Mut und die Ausdauer zu entwickeln, um diese schwierigen Lebensumstände schrittweise zu verändern. Lassen Sie mich zu jedem dieser Punkte noch etwas anmerken.

Starke Abhängigkeit von einem destruktiven Elternhaus

»Meine Eltern machen die Regeln, und ich darf sie ausführen«, so oder ähnlich läßt sich die Beziehung zwischen Eltern und einem noch abhängigen »Kind« charakterisieren. Das Schlimme dabei ist, daß man die Regeln oft nicht durchschaut, sondern – weil ja die Eltern einen erzogen und damit sozusagen »programmiert« haben – glaubt, diese Forderungen oder Erwartungen seien berechtigt. Die von Eltern in einer solchen Situation gestellten Forderungen lauten meistens gleich:
– »Sei so, wie wir dich haben wollen.«
– »Sei so, daß dich die Nachbarn für einen wertvollen und interessanten Menschen halten.«
– »Mache die Familie nie schlecht.«
– »Du sollst es einmal besser haben als wir.« Das heißt

meist, daß man studieren oder eine gute Berufsausbildung absolvieren soll, um dann viel Geld zu verdienen. Von Töchtern erwartet man, daß sie einen gut verdienenden Mann heiraten und die Eltern mit Enkelkindern versorgen.
— »Du sollst vernünftig mit deinem Geld umgehen.«

Zusammengefaßt bedeutet das, daß die Eltern ihrem Kind ihre Vorstellungen vom richtigen Leben aufzwingen. Welche Bedürfnisse die Kinder selbst haben, wollen solche Eltern gar nicht wissen. Als die Kinder noch klein waren, haben sie ihnen ihre »Marotten« ausgetrieben und sie richtig »erzogen«. (Wohin haben sie sie gezogen?) Anstatt ihre Kinder zu lieben und sie sich entfalten zu lassen, haben sie sie für ihre eigenen psychischen Zwecke mißbraucht. Aber sie haben keine Schuldgefühle dabei, weil sie dieses Verhalten als normal betrachten, denn sie selbst wurden von ihren Eltern ebenfalls auf diese Weise mißbraucht. Das bedeutet, daß man, wenn man eine solche Erziehung genossen hat, darauf achten muß, daß man nicht seine eigenen Kinder in der gleichen Weise bevormundet. Diese Eltern möchten durch ihre Kinder etwas bekommen, was sie sich selbst nicht geben können: Liebe, Wertschätzung, Respekt. All dies haben sie ihren Kindern nicht ausreichend gegeben, und sie haben es selbst als Kinder auch nicht ausreichend bekommen. Aber da sie es ihren eigenen Eltern entgegenbringen mußten, glauben sie nun, ein Anrecht darauf zu haben. Eltern, die ein gesundes Selbstwertgefühl haben, die sich selbst respektieren und ein Leben gelebt haben, mit dem sie zufrieden sind, brauchen von ihren Kindern viel weniger zu fordern. Sie haben Geduld und Nachsicht mit ihren Kindern gehabt und ernten so später selbstverständlich den Respekt, der anderen Eltern verwehrt wird.

Wenn nun ein Erwachsener noch stark von der Meinung seiner Eltern abhängig ist, dann hat er natürlich Schuldgefühle, wenn er sich anders verhält, als die Eltern dies von ihm erwarten. Schuldgefühle sind aber ein sehr häufiger Auslöser von Eßanfällen. Ein Besuch bei den Eltern bringt manchen Frauen drei Kilo Fett pro Wochenende ein. Wer seine Eßprobleme überwinden will, sollte also auch die Beziehung zu seinen Eltern näher betrachten. Er sollte sich fragen: Wie gehen meine Eltern mit mir um? Lassen sie meine Meinung gelten? Würden sie mit ihren Freunden so umgehen oder nicht? Respektieren sie meine Wünsche? Wie möchten meine Eltern mich haben? Worauf sind sie bei mir stolz, was verachten sie an mir? Warum brauche ich noch so viel Anerkennung von meinen Eltern? Behandeln mich andere Menschen in meinem Leben ebenso (schlecht oder gut), wie meine Eltern mich behandeln? Behandle ich mich selbst besser, als meine Eltern mich behandeln?

Diese Fragen kann man nicht auf der Stelle beantworten, sondern man muß erst sich selbst und die Eltern eine Weile beobachten. Vielleicht bekommt man dann plötzlich einen Blick für die Situationen, in denen die Eltern sich respektlos verhalten. Dann fällt einem plötzlich auf, wie die Mutter sagt: »Würdest du bitte aufstehen, damit der Hund noch Platz hat?« Oder man merkt, daß, wenn man gerade etwas erzählt, die Mutter oder der Vater immer mittendrin eine Frage stellt, die mit dem Ganzen überhaupt nichts zu tun hat.

Früher hat man an dieser Stelle vielleicht nur einen dumpfen Groll oder den Drang, etwas zu essen, verspürt. Sicher wird man nun auf seine Eltern wütend sein. Das ist gut so, denn die Wut hilft einem, sich zu wehren und zu sich selbst zu stehen. Der Weg zur Selbständigkeit ist jedoch lang, und auch hier sollte man sich in therapeutische Hilfe begeben, da ein Außenstehender die Handlungen der Eltern leichter durchschauen kann. Außerdem braucht man in diesen Zeiten, in denen man mit seinen Eltern viel Streit hat, Unterstützung von anderer Seite, da die Eltern sich wahrscheinlich wehren, wenn man sich von ihnen lösen will. Im Grunde ist aber dieser Ablöseprozeß für die Eltern eine Chance, sich ebenfalls von ihren Erwartungen an die Kinder zu lösen und ein erfüllteres Leben zu führen. Vielleicht lernen sie sogar von ihren Kindern, wie man sich selbst mehr respektiert.

Einsamkeit

Unzählige Eßanfälle haben ihren Ursprung in der Einsamkeit. Wenn man abends vom Büro nach Hause kommt und niemanden hat, mit dem man sprechen kann, dann ist das Essen eine Ersatzhandlung. Irgendwann ißt man einsam zu Abend und kann plötzlich nicht mehr aufhören. Für die meisten Menschen ist es sehr schwer, längere Zeit allein zu wohnen. Steht nicht schon in der Bibel »Es ist nicht gut, daß der Mensch allein sei«? Natürlich entstehen schneller Konflikte, wenn man mit anderen zusammenwohnt, und man muß eher Kompromisse eingehen. Ein Partner gibt aber auch Anregungen und spiegelt einem die eigenen Verhaltensweisen wider. Im Vakuum des Alleinlebens kann man sich zwar wunderbar entfalten, aber das ist doch eher etwas für Leute, die innerlich schon sehr selbständig sind und dadurch weniger Anerkennung und Ermunterung von außen brauchen.

Eine Frau, die Eßstörungen hat und die Einsamkeit schlecht aushält, sollte sich überlegen, ob sie nicht doch mit jemandem zusammenziehen möchte. Wenn nicht, dann sollte sie sich ein oder zwei möglichst ebenfalls allein lebende Freundinnen suchen, die sie täglich anrufen oder besuchen kann. Eine Person, die einen sehr gut kennt und am eigenen Leben Anteil nimmt, braucht man einfach für sein psychisches Wohlergehen.

Die regelmäßige Teilnahme an den Treffen der Overeaters Anonymous, die es in jeder größeren Stadt gibt und die mehrmals wöchentlich zusammenkommen, ist ebenfalls hilfreich. Da hier alle ähnliche Probleme haben und außerdem die Möglichkeit besteht, sich einen »Sponsor« (eine Art Paten) zu nehmen, den man jederzeit anrufen kann, kann so ein Gutteil des Kontaktbedürfnisses befriedigt werden.

Inzesterfahrungen in Kindheit oder Jugend

Sexueller Mißbrauch durch Vater, Bruder, Großvater oder Onkel hinterläßt – besonders wenn er mehrfach und über Jahre hinweg ausgeübt wurde – bei den betroffenen Mädchen und Frauen tiefe Spuren, die ihr gesamtes späteres Leben beeinträchtigen. Nicht nur Angst und Ekel vor Männern und Sexualität machen sich als Spätsymptome bemerkbar, sondern viele subtile Verhaltensweisen, die man nicht sofort mit einem sexuellen Mißbrauch in Zusammenhang bringen würde: die Unfähigkeit, anderen Menschen zu vertrauen, die Flucht in Wunschdenken, sozialer Rückzug, Selbstbeschuldigungen und Selbsterniedrigungen, Flucht in Essen, Alkohol und Drogen, sexuelle Störungen aller Art. Die Schweizer Psychotherapeutin Ursula Wirtz nennt in ihrem Buch »Seelenmord« besonders fünf Persönlichkeitsbereiche, die bei Inzestopfern geschädigt wurden:

Da ist einmal die persönliche Sicherheit. Dabei »... geht es um die Frage, ob ein Mensch das Vertrauen erwerben kann in die Fähigkeit, sich selbst vor Verletzung, Verlust oder Schaden zu schützen. Wenn diese Entwicklung ausbleibt, entsteht die Vorstellung, Verletzungen hilflos ausgeliefert zu sein. Das kann beispielsweise dazu führen, daß gefährliche Situationen vermieden werden, aus Angst, das Gefürchtete werde unweigerlich eintreffen. Die mangelnde Fähigkeit, sich zu schützen, kann aber auch dazu führen, daß sich die Betreffenden immer wieder in gefährliche Situationen, zum Beispiel in Opferrollen, wiederfinden und davon überzeugt sind, daß sie das Unglück förmlich anziehen.«[9] Das Inzestopfer kam zu dem Schluß, daß es sich sowieso nicht wehren kann, und neigt dazu, stillzuhalten und alles mit sich machen zu lassen. Oft geraten diese Frauen an gewalttätige Ehemänner und lassen sich von diesen wieder jahrelang mißbrauchen.

Der zweite geschädigte Bereich ist die Fähigkeit zu ver-

---

[9] Wirtz, Seelenmord, S. 138

trauen. Beim Kind entsteht ein Grundvertrauen, wenn es die Erfahrung gemacht hat, daß es sich unbedingt auf die Eltern oder andere Bezugspersonen verlassen könnte. Die Widerspiegelung seiner eigenen Gefühle durch die Bezugsperson lehrt das Kind, seine eigenen Gefühle als berechtigt wahrzunehmen. Um dies zu verdeutlichen: Das Gegenteil einer Spiegelung wäre, wenn das Kind sagt: »Ich habe Angst«, und die Mutter antwortet: »Ach was, stell dich nicht so an.« Wenn in der Kindheit kein Vertrauen in andere Menschen aufgebaut werden konnte, dann ist der betreffende Mensch auch nicht beziehungsfähig. Ursula Wirtz schreibt dazu: »Menschen, die sich nichts zutrauen und keine Entscheidungen fällen können, sind in dieser Dimension beeinträchtigt. Psychisch wirkt sich das in Angst- und Unruhezuständen, in Übervorsichtigkeit und Entscheidungshemmung aus. Frauen, die in der Familie als Kind sexuell mißbraucht worden sind, wurden in ihrem Vertrauen völlig verraten, sie können unter Umständen niemals mehr einem Menschen vertrauen, geraten in Isolation und müssen mit Verlassenheitsängsten, Wut und Enttäuschung leben.«[10]

Zum dritten haben diese Frauen den Glauben daran, daß man in seinem Leben etwas ausrichten kann, verloren und damit die Macht und Kontrolle über das eigene Leben. Die Folge ist das Gefühl des ohnmächtigen Ausgeliefertseins, Gefühle der Sinnlosigkeit, der Passivität, der Resignation und der Depression. Depression wird von dem amerikanischen Psychologen Seligman auch als »gelernte Hilflosigkeit« bezeichnet. Er hat Versuche mit Hunden durchgeführt, die Stromstöße erhielten und nicht ausweichen konnten. Eine Kontrollgruppe von Hunden konnte die Stromstöße durch Flucht vermeiden. Die Hunde, die sich anfangs nicht wehren konnten, hielten die Stromstöße auch später, als sie hätten fliehen können, noch aus und blieben auf dem elektrifizierten Gitter einfach sitzen, an-

---

[10] Wirtz, Seelenmord, S. 139

statt wegzulaufen. Mal abgesehen davon, ob derartige Versuche ethisch gerechtfertigt werden können (ich meine nein), zeigen sie doch deutlich, wie Lebewesen aus Erfahrungen lernen. Und daß Erfahrungen auch dumm machen können. Sie zeigen, daß Erfahrungen immer wieder hinterfragt werden müssen. So haben Inzestopfer oft das Gefühl, daß Frauen generell wehrlos und hilflos sind und daß die anderen ihr Leben kontrollieren.

Wirtz: »Die vierte Ebene, die der Wertschätzung, hat zentral mit Selbstwertgefühl, dem Selbstbewußtsein zu tun. Dazu gehört das Gefühl, respektiert und ernst genommen zu werden. Sexuelle Ausbeutung in der Kindheit verletzt diese Dimension aufs tiefste. Kinder erleben den Mißbrauch auch oft als einen Beweis dafür, daß sie böse sind, schlechte Menschen, die nichts Besseres verdient haben; daß sie für ewig häßlich und wertlos sind und vor allem nicht würdig, geliebt zu werden.«[11]

Die fünfte Dimension, die geschädigt wurde, ist der Bereich der Intimität. Gemeint ist hier die Fähigkeit, mit sich zufrieden zu sein, inneren Frieden zu finden, sich auf Bindungen und Partnerschaft einzulassen.

Wirtz: »Schwere Traumatisierungen, und dazu zähle ich den Inzest, behindern auch diese Fähigkeit. Statt innerer Ruhe wird innere Leere erlebt, statt die Nähe zu suchen, wird diese gemieden. Sexualität ist nicht beglückend und verbindend, sondern gestört und trennend. Sinnerfüllung im Miteinander scheint unmöglich, vorherrschend sind Verzweiflung, Einsamkeit und Sinnlosigkeit.«[12]

Ein Inzesterlebnis in der Vergangenheit beeinträchtigt das Leben der Betroffenen aufs schwerste. Hier hilft eine Psychotherapie, und Rat kann man in einer Beratungsstelle für Inzestopfer suchen.

---

[11] Wirtz, Seelenmord, S. 139
[12] Wirtz, Seelenmord, S. 140

Der falsche Beruf

So manche Eßsüchtige hat bereits die »innere Kündigung« vollzogen und übersteht die Stunden am Arbeitsplatz nur mehr schlecht als recht. Sie kann sich mit ihrem Job nicht mehr identifizieren und wird oft so stark belastet, daß sie nach Feierabend völlig erledigt ist. Die meisten Eßsüchtigen haben einen helfenden oder dienenden Beruf wie Krankenschwester, Sekretärin oder Erzieherin. Arbeiterinnen verirren sich fast nie zu einem Therapeuten, jedenfalls nicht wegen Fettsucht oder Eßstörungen. Möglicherweise ist in dieser Bevölkerungsschicht die Toleranz gegen ein paar Pfunde zuviel größer, oder die Frauen haben aufgrund ihrer Doppelbelastung in Haushalt und Beruf schlichtweg keine Zeit, auch noch eine Therapie zu machen. Auch spielt Angst vor einer Therapie eine große Rolle. Die Meinung, man »sei ja nicht verrückt« und habe deshalb auch keine Therapie nötig, spukt noch in vielen Köpfen herum. Konzentrieren wir uns also auf jene Berufsgruppen, die sich uns offenbaren. Fast alle Eßsüchtigen, die in Therapie kommen, sind angestellt. Kaum eine ist selbständig, und das ist kein Zufall. Wie wir wissen, haben alle akut Eßsüchtigen viele Schuld- und Schamgefühle wegen ihres Eßverhaltens, sie können sich nicht durchsetzen, glauben, sie würden nur geliebt, wenn sie perfekt seien, und halten nicht allzuviel von sich selbst. Da sie meist gute reproduktive Fähigkeiten haben, waren sie zwar gut in der Schule (meist in den Lernfächern), haben dann aber doch einen »Zulieferer-Beruf« gewählt. Unter Zulieferer-Beruf fasse ich all jene Berufe zusammen, die entweder anderen Berufen »zuliefern«, wie Arzthelferin, Sekretärin, Assistentin, oder Berufe, die »dienen«, wie Lehrerin, Krankenschwester, Sozialarbeiterin, Ärztin etc. Es sind alles Berufe, in denen es aufs »recht machen« und aufs »eine Stütze sein« ankommt. Und genau diese Fähigkeiten mußten Eßsüchtige in ihren Herkunftsfamilien entwickeln. Dafür wurden sie gebraucht und anerkannt, vielleicht auch geliebt. Da sie nun natürlich ehrgeizig sind, angepaßt und brav, passiert es ihnen, daß sie in den »Zulieferer-Berufen« schnell unentbehrlich werden. Daraus ziehen sie ihr Selbstwertgefühl. Eine Zeitlang geht das gut. Dann merken sie, daß ihre Leistung allmählich als ganz selbstverständlich erwartet wird, ja sie werden sogar noch mehr belastet, da sie ja so unendlich kompetent, belastbar und zuverlässig sind. Sie geben und geben und geben. Auftanken haben sie nicht richtig gelernt und »nein«-sagen auch nicht. Also essen sie, um die Belastung und den Frust nicht zu spüren. Wenn sie Glück haben, werden sie krank und können sich über die Krankheit aus dieser Sackgasse herausmanövrieren. Wenn sie Pech haben, dann werden sie immer dicker, sagen nichts, jammern heimlich, funktionieren aber immer gleich gut. Und irgendwann sind sie so fett, daß sie Beschwerden bekommen und plötzlich keine 10 kg mehr heben können, nicht mehr große Strecken zu Fuß gehen können, daß ihr Blutdruck ansteigt und so weiter. Dann schaffen sie es möglicherweise ebenfalls, über die Krankheit auszusteigen.

Es gibt aber noch einen anderen Weg, um zur Besinnung zu kommen. Ihre Freßanfälle sollen immer ein Alarmsignal sein. Beobachten Sie die Situation, in der Sie zuviel essen. Lernen Sie sich abzugrenzen, durchzusetzen und – sich einen neuen Job zu suchen oder ein neues Tätigkeitsfeld. Eine Frau, die mit 25 Jahren helfen und dienen wollte und sich nichts anderes zugetraut hat, kann mit vierzig zu dem Schluß kommen, daß sie es satt hat, für ihren Chef zu arbeiten. Sie kann erkennen, daß sie viele Dinge viel besser kann als ihr Chef, und sie kann sich überlegen, ob sie nicht eine selbständigere Tätigkeit anstreben soll. Oder eine Umschulung anstrebt, oder, oder, oder. Sie sollte nur ihren Ideen freien Lauf lassen und viele Kontakte knüpfen – und darauf vertrauen, daß das Richtige auf sie zukommt. Sie kann sich auch vom Arbeitsamt beraten lassen, ob es in ihrem Beruf Nischen gibt, die noch nicht überlaufen sind und aus denen man etwas machen kann. Sie sollte sich ihrer Stärken und Kompetenzen bewußt werden und auch ihrer Schwächen (die sehr wohl auch Stärken sein können). Aber eines sollte sie auf keinen Fall machen: auf ihrem ungeliebten Job bleiben bis ins Rentenalter. Sie hat Besseres verdient. Aber genau hier liegt der Hase im Pfeffer. Sie glaubt nicht, daß sie Besseres verdient hat. Sie glaubt, ausharren zu müssen in einer für sie destruktiven Situation. Das kennt sie von zuhause, denn damals mußte sie aushalten »komme was da wolle«. Ein Kind hat keine andere Wahl, es muß durchhalten, egal, wie schlecht die Bedingungen sind. Eine erwachsene Frau muß dies zum Glück nicht mehr. Aber kein Mensch kann ihr helfen, wenn sie glaubt, sie müsse durchhalten, und es dann auch tut. Sie welkt dabei langsam vor sich hin. Irgendwann kann sie auch ihren Urlaub nicht mehr genießen, weil er wieder zu Ende geht. Nur ein einziger Mensch kann ihr in dieser Lage helfen: sie selbst. Aber sie darf sich Hilfe holen, und das sollte sie auch tun.

Eine problematische Partnerschaft

Viele Frauen, die im Beruf »helfen« und »zuliefern«, haben zuhause noch einen zusätzlichen Problemfall: ihren Mann. Das Muster, gebraucht zu werden und nützlich zu sein, haben sie auch in ihren privaten Beziehungen hergestellt. Wenn sie gebraucht wird, kann sie sicher sein, daß der Mann nicht so einfach auf und davon geht. Er braucht sie, also bleibt er da. Sie möchte sich nicht mit ihren Ängsten auseinandersetzen, sondern sie möchte endlich Sicherheit. Wenn einen jeder braucht, dann gibt einem das eine ungeheure Macht. Und diese Macht hat auf längere Sicht einen ungeheuren Preis: Zu ihrer Erhaltung verpflichtet sich die Frau sozusagen ständig auf die Maximalleistung.

Leider glaubt die betroffene Frau, daß es ein Zeichen für ihre große Liebe sei, wenn sie vieles erträgt und sich aufopfert. Auch ihre Therapiestunden würde sie für den Mann opfern, indem sie ihn zum einzigen Thema machen würde, wenn man sie ließe. Die Gedanken um ihn und die Lösung seiner Probleme füllen ihr ganzes Denken aus. Er hat den

Knopf unter Kontrolle, der ihre Gefühle »steuert«: Wenn er nett ist, geht es ihr gut, wenn er mit ihr übel umspringt, fängt sie an zu fressen, Alkohol zu trinken, Drogen zu nehmen oder Amok zu laufen.

Manche Autoren sprechen bei diesem Zustandsbild einer Beziehung von »Beziehungssucht«, »Liebessucht« oder auch von Hörigkeit. Es gibt ein gutes Buch zu diesem Thema: »Wenn Frauen zu sehr lieben« von Robin Norwood. Wenn Frauen zu sehr lieben, dann ist das Eßverhalten nur noch ein Spiegel oder ein Abklatsch davon, wie die Beziehung nach Ansicht der Frau gerade steht. Manche Frauen nehmen in »guten Zeiten« schnell mal zehn Kilo ab. Nicht weil sie hungern, nein, sondern weil sie gar kein Verlangen nach Essen haben. Geht es ihnen schlecht, dann essen sie ununterbrochen und nehmen alles wieder zu. Im Vordergrund steht hier ebenfalls wieder das geringe Selbstwertgefühl, denn auch diese Frauen glauben nicht daran, daß sie in ihren Beziehungen etwas Besseres verdient haben. Sie lassen sich fast alles gefallen und hoffen auf bessere Zeiten. Da diese speziellen Beziehungsgefühle des Gebrauchtwerdens in vielen Therapien mit Eßsüchtigen zum Vorschein kommen, erwähne ich an dieser Stelle auch nur sie. Alle anderen Partnerschaftsprobleme, bei denen es der Frau gelingt, mehr bei sich selbst zu bleiben, wirken sich in der Therapie nicht so negativ aus. Die Frauen schaffen es dann trotzdem, in der Therapie autonomer zu werden und sich mehr und mehr durchzusetzen und eigene Bedürfnisse zu spüren. Nicht so bei einer liebessüchtigen Frau. Sämtliche Therapieerfolge sind dahin, wenn das »Suchtmittel Mann« wieder an die Türe klopft. Hier ist unendlich viel mehr Arbeit in der Therapie notwendig, um die Frau mit der Zeit auf ihr eigenes Gleis zu bekommen.

In Norwoods Buch wird ein Genesungsprogramm vorgestellt, das sich am Zwölf-Schritte-Programm der Anonymen Alkoholiker orientiert und den eigentlichen Heilungsprozeß in den Mittelpunkt des Lebens stellt. Es gibt auch bereits »Norwood-Gruppen«, manche mit psychotherapeutischer Begleitung, manche als Selbsthilfegruppen konzipiert. Wenn Sie betroffen sind, dann suchen Sie sich eine solche Gruppe. Therapeutische Hilfe wäre sicherlich besser als Selbsthilfe, da ein Therapeut mehr sieht als jemand, der mitten drin steckt.

Das Wichtigste aber ist: Tun Sie etwas für sich – jetzt gleich.

Zusammenfassung

»Wer zuviel ißt, muß sich halt zusammenreißen und weniger essen«; »wer zwanghaft ißt, ist willensschwach und sollte eine Diät durchhalten«.

Wenn Sie als Eßsüchtige diese Sätze noch für korrekt halten, dann müssen Sie noch eine Menge über Ihre Krankheit lernen. Dann haben Sie bereits viele Kilo abgenommen und genauso viele wieder zu. Dann hoffen Sie immer noch darauf, daß Sie ab morgen alles ganz anders machen werden und daß Sie mit einer Idealfigur viele Probleme nicht mehr hätten.
Frauen, die es tatsächlich geschafft haben, sich von ihren Eßanfällen loszumachen, die haben ganz anderes getan:
- sie haben eingesehen, daß sie ihre Probleme auch als Schlankere mit sich herumtragen,
- sie haben erkannt, daß ihr großer Hunger nicht Süßigkeiten galt, sondern daß es ein Hunger nach Leben war, nach Liebe, Anerkennung, Lebenslust, Freude, Leichtigkeit, Unbeschwertheit, Kreativität, Veränderung, Anerkennung – sie haben einschneidende Ereignisse wie Krankheit, Tod eines Angehörigen, Geburt eines Kindes, Arbeitsunfähigkeit, Scheidung zum Anlaß genommen, ihr Leben zu verändern,
- sie haben den Mut gehabt, ihre Isolation aufzugeben und mit Leidensgenossinnen über ihr Eßproblem zu sprechen,
- sie haben es trotz des Widerstandes ihrer Umwelt geschafft, ihren Beruf oder ihren Partner zu wechseln, allein zu leben, ins Ausland zu gehen, sich selbständig zu machen, zu Hause auszuziehen.

Daß sie es geschafft haben, das Ruder ihres Lebens noch einmal herumzureißen, war nicht das Ergebnis eines einzigen Kraftaktes, sondern das Ergebnis eines langen Entwicklungsprozesses. Diese Frauen haben gelernt:
- »nein« zu sagen zu den Erwartungen und Anforderungen anderer,

- sich auseinanderzusetzen mit den Normen ihrer Eltern und eigene zu entwickeln,
- sie haben sich, ihre Bedürfnisse und Wünsche endlich kennengelernt,
- sie haben den Mut entwickelt, zu sich zu stehen, auch wenn sie für andere die Bösen sind,
- sie sind sich selbst die Nächsten geworden, sie haben begriffen, daß dieses Leben ihr Leben ist und daß sie es so leben müssen, wie es ihnen entspricht. Nun benötigen sie alle Energie, die sie früher in Essen, in Selbstvorwürfe und in neue Diätpläne gesteckt hatten, zum Leben.

Literaturverzeichnis

CALATIN, ANNE – Die Rotationsdiät. Heyne Verlag; München, 1987.

CZIKSZENTMIHALYI, MIHALY – Das Flow-Erlebnis. Jenseits von Angst und Langeweile: Im Tun aufgehen. Verlag Klett-Cotta; Stuttgart, 1987.

DETHLEFSEN, THORWALD – Krankheit als Weg. Deutung und Be-deutung der Krankheitsbilder. C. Bertelsmann Verlag; München, 1986.

SCHAFFER, ULRICH – ...weil du dein Leben entscheidest. Kaufmann Verlag; Lahr, 1990.

SCHWÄBISCH, LUTZ / SIEMS, MARTIN – Selbstentfaltung durch Meditation. Eine praktische Anleitung. Rowohlt Verlag; Reinbek, 1987.

WIRTZ, URSULA – Seelenmord. Inzest und Therapie. Kreuz Verlag; Zürich, 1989.

Literatur, die Ihnen weiterhilft

Assig, Dorothea – Mut gehört dazu. Informationen für Frauen, die beruflich selbständig sind oder werden wollen. Rowohlt Verlag; Reinbek, 1987.

Friedman, Sonya – Männer zum Nachtisch. Wie Frauen zu selbstbewußten Partnerinnen werden. Verlag Ullstein; Berlin, 1986.

Göckel, Renate – Eßsucht oder die Scheu vor dem Leben. Eine exemplarische Therapie. Rowohlt Verlag; Reinbek, 1988.

Hülsemann, Irmgard – Ihm zuliebe? Abschied vom weiblichen Gehorsam. Kreuz Verlag; Stuttgart, 1988.

Kassorla, Irene – Tun Sie's doch. Werden Sie Gewinner, im Beruf, in der Liebe und im täglichen Leben. Droemer Knauer Verlag, München, 1988.

Kast, Verena – Ali Baba und die vierzig Räuber. Wie man wirklich reich wird. Kreuz Verlag; Zürich, 1989.

Dies. – Der Teufel mit den drei goldenen Haaren. Vom Vertrauen in das eigene Schicksal. Kreuz Verlag; Zürich, 1984.

Miller, Alice – Das Drama des begabten Kindes und die Suche nach dem wahren Selbst. Suhrkamp Verlag; Frankfurt, 1979.

Missildine, Hug W. – In Dir lebt das Kind, das Du warst. Vorschläge zur Bewältigung des Alltags. Verlag Klett-Cotta, Stuttgart, 1989.

Norwood, Robin – Wenn Frauen zu sehr lieben. Die heimliche Sucht, gebraucht zu werden. Rowohlt Verlag; Reinbek, 1986.

Pearson, Leonard & Lillian – Psycho-Diät. Abnehmen durch Lust am Essen. Rowohlt Verlag; Reinbek, 1977.

Schaef, Anne W. – Die Flucht vor der Nähe. Hoffmann & Campe; Hamburg, 1990.

Stern, Ellen S. – Der Superfrau-Komplex. Econ Verlag; Düsseldorf, 1990.

Stierlin, Helm – Eltern und Kinder. Das Drama von Trennung und Versöhnung im Jugendalter. Suhrkamp Verlag; Frankfurt, 1980.

Weiss, Lilie / Katzman, Melanie / Wolchik, Sharlene – Bulimie. Ein Behandlungsplan. Econ Verlag; Düsseldorf, 1989.